BIBLIOTHÈQUE CONTEMPORAINE

ALPHONSE KARR

DE LOIN
ET DE PRÈS

PARIS
MICHEL LÉVY FRÈRES, LIBRAIRES-ÉDITEURS
RUE VIVIENNE, 2 BIS, ET BOULEVARD DES ITALIENS, 15
A LA LIBRAIRIE NOUVELLE
1862

DE LOIN ET DE PRÈS

CHEZ LES MÊMES ÉDITEURS

OUVRAGES NOUVEAUX
D'ALPHONSE KARR
Belle édition, format grand in-18

EN FUMANT
DEUXIÈME ÉDITION. — UN VOLUME.

SUR LA PLAGE
UN VOLUME

Paris. — Imp. PILLET fils aîné, rue des Grands-Augustins, 5

DE LOIN
ET
DE PRÈS

PAR

ALPHONSE KARR

PARIS

MICHEL LÉVY FRÈRES, LIBRAIRES-ÉDITEURS

RUE VIVIENNE, 2 *bis*, ET BOULEVARD DES ITALIENS, 15

A LA LIBRAIRIE NOUVELLE

—

1862

Tous droits réservés

DE LOIN ET DE PRÈS

I

FRÉDÉRIQUE ET HARALD.

Conte groënlandais.

Qui est-ce donc qui a publié dernièrement une histoire groënlandaise ? J'en sais une aussi, et je voudrais la raconter. — J'espère que ce n'est pas la même. — Il paraît que l'autre narrateur a pris, pour savoir son histoire, un procédé et un chemin tout différents des miens. Il est allé dans l'océan Arctique — 70 degrés de latitude nord — et a subi les fatigues d'un rude voyage, tandis que, moi, j'ai lu autrefois mon histoire dans un bouquin au coin d'un bon feu de houille, ou couché sur l'herbe, du temps que j'habitais la France et la Normandie.

C'est à vous que j'adresse ce récit, habitants autochthones ou accidentels de ce doux pays de Nice ; j'espère qu'il vous fera apprécier l'hiver que vous allez escamoter.

Il y a fort longtemps — dans une partie du Groënland que ma mémoire ne me permet pas de déterminer d'une façon très-précise — entre Julianeshaab et Egedesminde, vivaient deux jeunes gens, fille et garçon, d'une beauté si merveilleuse, que les habitants leur donnèrent les noms de deux de leurs ancêtres, qui, selon la tradition du pays, après beaucoup de hauts faits en tout genre, devinrent, l'un le soleil, l'autre la lune.

Malheureusement, j'ai oublié ces deux noms, et, doué de peu de facilité pour les langues, je n'ai jamais su le groënlandais ; cela me fait perdre beaucoup de couleur locale que je serai forcé de remplacer par d'autres procédés. Les appeler *Lune* et *Soleil* en français, comme il peut, au premier moment, paraître raisonnable de le faire, pourrait jeter sur mon récit

une teinte à demi-grotesque que je veux éviter. —
Nous leur donnerons, s'il vous plaît, des noms danois qui pourraient bien avoir été les leurs avant qu'on les eût nommés Lune et Soleil; nous les appellerons *Frédérique* et *Harald*.

Frédérique était née sur la plage où se passe notre histoire; Harald était venu récemment en canot de la partie la plus reculée; on pensait qu'il avait, pendant une pêche lointaine, rencontré Frédérique avec ses parents, et que c'était l'amour qui lui avait fait quitter son pays.

Cependant, comme il arriva à la fin de l'été, qui dure six semaines, et que, à cette époque, on s'occupe opiniâtrément d'amasser les provisions de l'hiver, les deux jeunes gens ou ne se rencontrèrent pas, ou ne se virent que de loin; mais bientôt commença l'hiver de dix mois et demi, et on se retira dans les habitations.

Ces habitations sont des souterrains creusés à efforts communs, et dans lesquels chaque famille se creuse dans une anfractuosité une petite hutte particulière, où l'on se renferme avec ses provisions. —

Le froid devenait piquant : 45 degrés centigrades au-dessous de zéro.

Harald invita Frédérique et sa famille à un festin dans sa hutte. Frédérique se para de son mieux ; elle se peignit le front de jaune et les mains de vermillon ; elle serra autour de sa taille une peau de renne, passa dans son nez un large anneau de cuivre, mit son beau collier de dents de requin et ses bracelets de coquillages ; dans ses cheveux nattés et oints d'huile de baleine étaient attachés des morceaux de corail. La richesse, l'élégance et le bon goût de cette parure portèrent le dernier coup à l'indépendance d'Harald. En effet, Frédérique, sans être tout à fait l'esclave de la mode, sans en adopter les exagérations, la suivait cependant de façon à conserver la réputation qu'elle s'était acquise d'être la fille la mieux mise de la tribu.

Harald était riche : autour de sa hutte étaient rangés un grand nombre de vases pleins d'huile de phoque et de baleine ; des morceaux de ces mêmes poissons, desséchés à la fumée, étaient appendus aux parois, dans une telle profusion, qu'il était impossible qu'il consommât seul toutes ces provisions pendant l'hiver.

Harald était somptueusement vêtu d'un grand tapis formé de la peau de huit renards rouges; il répondit avec modestie aux éloges que l'on fit de sa fortune, de façon à montrer qu'il ne s'en enorgueillissait pas; il fit asseoir ses convives sur des lits de mousse sèche et de lichen, et le festin commença. — On plaça devant Frédérique une queue de baleine, morceau fort estimé; on but de l'huile de baleine d'une fraîcheur exquise; les têtes commençaient à s'échauffer, lorsque Harald se leva et récita un poëme qu'il avait composé en l'honneur de Frédérique :

« Oh! qu'il soit, après sa mort, enseveli sans son arc et ses flèches, sans canot et sans harpon, celui qui oserait me disputer la belle Frédérique! qu'il erre dans l'autre vie, désarmé, au milieu des troupes de rennes et de lièvres blancs! qu'il voie, du bord de la mer, se jouer, aux orages, des troupes de phoques, sans qu'il puisse les atteindre!

» Que, dans les régions des âmes, ce séjour des bienheureux où il y a des étés de six mois, et où il ne gèle jamais qu'à 15 degrés, son crâne serve de coupe pour boire l'huile parfumée et enivrante des lampes célestes, à celui qui oserait arrêter sur elle des regards de convoitise !

» Frédérique est plus belle que le premier soleil qui fond la glace, plus charmante que les premières mousses vertes du printemps. »

Cette poésie fut généralement admirée. Frédérique, en particulier, y fut sensible. En effet, on demandait un jour à une jolie femme :

— Lesquels aimeriez-vous mieux, des vers de Lamartine ou de ceux de Victor Hugo ?

— J'aime mieux, dit-elle, des vers de quatorze pieds faits par un nommé Gustave ; mais ils sont faits pour moi.

La famille de Frédérique fut enchantée de voir un pareil parti se présenter pour leur fille.

Harald offrit alors timidement quelques présents qui achevèrent d'émerveiller les grands parents ; il voulut lui-même attacher à l'extrémité des longues tresses de Frédérique deux boutons de guêtre en cuivre avec le nº 19, désignant un régiment danois, qu'un soldat lui avait abandonnés contre la peau d'un renard blanc.

Il lui donna des aiguilles d'os de poisson et la peau entière d'un ours blanc pour lui servir de lit; il lui donna encore une grande jarre pleine d'une excellente huile de baleine et quatre paniers d'œufs de poisson séchés.

Les parents les déclarèrent fiancés.

On comprend que l'amoureux Harald pressait le jour de l'hymen; mais Frédérique, qui était coquette, et qui voulait encore jouir de sa liberté, exigea qu'on remît l'union à l'hiver suivant, lorsque l'on se renfermerait de nouveau sous la terre. En vain Harald supplia, en vain la famille de Frédérique se joignit à ses prières : elle fut inflexible.

L'hiver se passa ainsi; la glace fondit, la neige laissa voir les lichens et la mousse; on sortit des cavernes et l'on se mit en devoir de ramasser les provisions pour l'hiver, qui allait recommencer dans six semaines.

Personne n'était aussi ardent que Harald; il ne s'agissait plus pour lui de subvenir à ses besoins; il fallait que Frédérique fût heureuse et riche; il voulut qu'elle pût manger des grillades de veau marin tous les jours, et eût de l'huile de baleine à discrétion pour assaisonner les mets, allumer les lampes et oindre ses beaux cheveux.

Mais, au plus beau moment de la pêche, il survint une tempête qui chassa tout le poisson de la côte. La plupart se résignèrent à vivre plus maigrement pendant l'hiver et à se contenter de ce qu'ils avaient pu prendre jusque-là; mais Harald ne voulut rien écouter. Il décida qu'il partirait et suivrait le poisson sur une autre plage. Quelques autres pêcheurs résolurent d'imiter son exemple. Il alla trouver Frédérique et lui dit :

— Chère âme, je pars; peut-être me sera-t-il bien difficile de revenir et la plupart de mes compagnons resteront, pendant l'hiver qui vient, sur les plages où nous allons pêcher. Sois ma femme, alors tu pourras venir avec moi.

Frédérique refusa opiniâtrément.

— Nous nous marierons cet hiver; et, si tu ne peux revenir, nous nous marierons au printemps.

Frédérique mentait, car elle désirait aussi vivement que Harald voir leur union accomplie ; mais elle pensait ainsi se faire valoir davantage.

Harald partit en lui laissant les provisions qu'il avait déjà amassées.

Quand Frédérique eut vu son bateau disparaître à l'horizon, elle fondit en larmes, et regretta amèrement son obstination.

Puis elle se mit à préparer des vêtements de peau pour l'hiver en attendant le retour de son fiancé, adressant des prières au Grand Esprit.

De ce jour, Frédérique négligea sa parure ; on ne la revit plus donner le ton et la mode aux filles du pays, et le vert-de-gris vint oxyder jusqu'aux boutons de guêtre de cuivre, présent magnifique que Harald avait attaché à ses cheveux le jour de leurs fiançailles.

Cependant elle était toujours belle, et elle charma les yeux du vieux Norghus.

Norghus était le Groënlandais le plus riche et le plus puissant ; il avait deux bateaux et quatre hommes à son service ; il possédait quatre-vingts jarres d'huile dans sa demeure d'hiver, et vingt veaux marins enfouis dans la neige pour ses provisions.

Mais Frédérique méprisa son amour et refusa ses présents.

Norghus s'adressa alors aux parents de la fille. — Le Groënland est bien stérile, bien pauvre; cependant on y trouve encore de quoi corrompre les esprits et acheter les consciences. Terrible appât de l'huile de baleine! inflexibles attraits des tranches de phoque fumées! amour aveugle des richesses en un mot! les parents se prononcèrent pour Norghus et ordonnèrent à Frédérique d'oublier Harald.

Les parents de Frédérique décidèrent son mariage et en fixèrent le jour. Norghus envoya des présents qui excitèrent l'admiration universelle. Il y avait, entre autres raretés, un vêtement composé de huit peaux de renne blanche; une femme enveloppée là dedans présentait un tel volume, qu'elle n'aurait pu entrer dans aucune hutte. Mais voici le procédé que la mode avait mis en usage : Cette fourrure était roulée autour du corps; lorsque celle qui la portait avait le dessein d'entrer quelque part, quelqu'un retenait la fourrure par un bout, la femme tournait sur elle-même et déroulait ainsi trois ou quatre tours; puis, une fois entrée, elle tournait dans l'autre sens, et roulait de nouveau le tout autour de sa taille.

Il y avait une espèce de chapeau fait avec des fanons de baleine et orné d'une garniture d'os de poisson. Cette coiffure n'était permise qu'aux femmes d'une certaine condition; sans qu'il y eût à ce sujet ni loi ni pénalité, il y avait des femmes qui n'auraient osé la mettre à aucun prix.

Il y avait des anneaux de nez de toutes les grandeurs.

Si bien que les filles disaient, sans se préoccuper de la vieillesse, de la laideur et de la férocité de Norghus :

— Il faut avouer que cette petite Frédérique a bien du bonheur !

Ce n'était pas l'opinion de Frédérique. Aussi, la veille de son mariage avec Norghus, elle disparut subitement, et, malgré toutes les recherches, on ne put la retrouver. On la crut morte; mais il n'en était rien : elle s'était retirée dans les montagnes, au fond d'une grotte où elle vivait de baies sauvages et de quelques oiseaux qu'elle attrapait; tous les jours, elle descendait au bord de la mer, sur une plage déserte, et elle interrogeait l'horizon; car l'hiver était passé, il faisait à peine 15 degrés de froid. Cette douce température disposait l'âme aux rêveries de l'amour et aux décevantes espérances. Les lichens et les mousses perçaient la neige, les bouleaux gonflaient leurs bourgeons résineux, la nature reprenait son éclat.

A chaque instant, on voyait revenir quelques-uns de ceux qui avaient, par une pêche lointaine, été entraînés et retenus sur d'autres rivages.

Un jour, Frédérique reconnut à l'horizon le bateau d'Harald; quel bonheur d'avoir souffert pour lui et pour la foi qu'elle lui avait jurée! quels charmants récits elle allait faire et entendre!

Mais le bateau approche; deux hommes sont dedans, aucun des deux n'est Harald.

L'un prend la parole et dit à Frédérique :

— Comment se fait-il que Harald ne soit pas là pour nous recevoir et nous aider à débarquer la pêche?

— Harald! dit-elle, il n'est donc pas avec vous?

— Non; la pêche faite, ne pouvant plus vivre sans vous, il nous a laissés en route pour revenir sur un bateau d'écorce.

— Personne ne l'a vu.

— Hélas! nous le lui disions bien, qu'il n'arriverait pas; mais il était si résolu, qu'il avait fini par nous faire partager sa confiance. Hélas! hélas! nous avons perdu par ta faute, ô Frédérique, le plus brave et le plus habile pêcheur de notre côte!

Frédérique ne prononça pas un mot pour se justifier, pas un mot pour se plaindre; elle ne versa pas une larme. Comme les gens de la tribu s'assemblaient autour d'elle, et disaient : « C'est elle, la voilà revenue; » elle fit signe qu'on ne lui parlât pas; elle monta sur un canot et le poussa au large; puis ce canot se rapetissa en s'éloignant; puis, le soir, on le vit disparaître dans la brume. Ses parents se mirent à sa recherche, mais jamais on ne la retrouva.

On prétend qu'ils se sont réunis et ont été changés en alcyons; mais on ne donne pas de preuves.

II

RECETTE CONTRE LES INDISCRÉTIONS DU TÉLÉGRAPHE.

Il y a un an, je rencontrai un jour le seigneur Boschi, qui a été quelque temps intendant général de la ville de Nice.

— Vous avez envoyé ce matin, me dit-il, une dépêche singulière.

— Qu'y trouvez-vous de singulier?

— C'est la première fois que je vois écrire par le télégraphe ce seul mot *fichtre!* que, du reste, je ne comprends pas.

— C'est un juron, comme qui dirait, pour vous autres ultra-catholiques, *per Bacco!* ou *vergogna!*

— Mais... par le télégraphe...

— Parce que le télégraphe coûte cher, vous croyez qu'il doit avoir la solennité de la tragédie, qu'on ne doit lui faire parler que la langue de Louis XIV? Mais, au contraire, s'il y a quelque chose qui doive s'envoyer par la télégraphie, c'est un juron. Qu'est-ce qu'un juron, en effet? Un mot par lequel l'homme en colère exhale d'un seul coup des sentiments qui demanderaient quelquefois un volume pour s'exprimer congrûment.

— Mais, pour le même prix, vous auriez pu écrire quinze mots.

— *Fichtre*, pour être développé, en demandait deux cents.

» *Fichtre* voulait dire : Je vous ai écrit deux fois, vous ne m'avez pas répondu; vous savez cependant que l'affaire dont je vous ai chargé est aussi importante pour vous que pour moi; ne pas vous en occuper, c'est manquer à la fois d'amitié et d'intelligence. Je suis très-irrité de ce retard; vous n'avez cependant pas oublié que, chaque fois que j'ai pu vous être bon à quelque chose, même en ce qui personnellement ne m'intéressait en rien, je me suis conduit tout autrement; si vous n'avez pas fait l'affaire, dépêchez-vous et songez que j'attends.

» *Fichtre* veut encore dire pour les gens qui voient les nuances : Vous voyez que je jure, signe d'impatience, mais en même temps signe de familiarité; donc, je ne suis pas tout à fait fâché contre vous; il y a encore moyen de réparer votre faute.

» *Fichtre* est un juron facétieux et badin ; il exprime l'impatience, n'exprime pas encore la colère, mais l'annonce, si vous ne vous mettez pas en mesure de faire ce que j'ai le droit d'attendre de vous.

» Voilà ce que veut dire *fichtre,* et pas mal de choses encore ; quatorze mots de plus ne m'auraient servi de rien. Il fallait dire tout — ou ne dire que *fichtre.*

Je vis l'intendant Boschi plus étonné que convaincu.

— *Fichtre!* ajoutai-je, a encore quelque chose de bon : d'abord, c'est qu'il ne raconte pas de mes affaires, aux employés du télégraphe, plus qu'il ne me plaît de leur en dire ; ensuite, c'est que, sans ce mot qui vous a intrigué, je ne saurais pas que vous prenez connaissance des dépêches.

L'intendant me quitta, et je continuai à penser au télégraphe — et j'y ai souvent pensé depuis.

D'où vient que le secret des lettres est un droit social si souvent, si énergiquement proclamé ; que les gouvernement qui l'ont violé autrefois s'en sont toujours défendu et que les dépêches électriques, qui ne sont que des lettres émises d'une autre façon, n'auraient pas droit au même secret? est-ce parce que le port en coûte plus cher? Ce serait, au contraire, pour certaines personnes — pas pour moi — une garantie de plus.

Quelqu'un — pas vous, mes chers lecteurs! pas vous, mes spirituelles lectrices! — va peut-être me dire :

— Mais on ne peut cacheter une dépêche télégraphique.

Je répondrai que ce ne sont pas les moyens qui manqueraient.

J'en ai un jour essayé un; ce n'est pas celui-là que je recommanderai, parce qu'il s'est trouvé être très-mauvais.

J'écrivis ma dépêche en latin; j'avais pour cela deux raisons : une raison de conserver un demi-voile sur ma missive; une raison d'économie : on peut dire en quinze mots latins des choses qui exigeraient vingt mots français.

Voici comment je vis que mon moyen était mauvais :

D'abord, l'employé du télégraphe me dit en lisant ma lettre avec quelque difficulté et craignant de se tromper :

— Je vous ai écrit, n'est-ce pas, *misi litteras*?

— Oui, monsieur, répondis-je.

Voilà pour le secret.

Voici maintenant pour l'économie :

Si l'employé au télégraphe auquel je voulais faire un secret savait le latin, mon correspondant ne le savait pas.

Il me répondit quelques heures après :

« J'ai oublié le latin; écrivez-moi en français. Je mets à votre compte cette dépêche nulle et fantaisiste. »

Il me fallut refaire une dépêche en français; total : trois dépêches.

Le moyen que je conseille est celui-ci ; il n'y a rien, je crois, dans les règlements qui le prohibe et il est très-facile : Faites un alphabet avec votre correspondant, donnez aux lettres ordinaires une autre valeur, renversez l'alphabet, convenez que *z* sera *a*, par exemple, que *b* sera *y*, que *c* sera *x* et *vice versa*. Vous écrivez à une femme :

PX DKEG ZYMU

Il n'y aura qu'elle qui saura que vous lui avez écrit : *Je vous aime.*

Et vraiment, il y a comme cela un certain nombre de choses qui ne se peuvent guère dire tout haut et devant témoins.

III

LA ROULETTE DE MONACO ET LA MORALE DE PAPIER.

Il se passe à Monaco quelque chose de bizarre. — Par un juste retour des choses d'ici-bas, la maison de jeu est en perte : non pas que les joueurs aient gagné — allons donc! — mais l'administration, chaque fois qu'elle gagne deux francs sur la rouge ou sur la noire, commande pour quatre mille francs de quelque chose. Il y a, assure-t-on, un peu d'embarras dans les affaires; de sorte que le jeu qui, quand il gagne — et il gagne toujours — reçoit ordinairement les pontes d'un air affable et tout gracieux et le sourire sur les lèvres, a, à Monaco, un air maussade et refrogné; en un mot, la banque à l'air d'un *ponte*.

Des plaintes se font entendre; on pense que le prince de Monaco, ou Son Altesse Charles... sera obligé d'intervenir.

A propos des jeux, il est une morale dont je me suis occupé quelquefois et que j'appelle la morale de papier.

C'est à cette morale que j'ai dit souvent : « Attention! ne fermons pas les égouts tant qu'il y a des ruisseaux. » Cette morale ne veut pas qu'il y ait de jeux publics à Nice — c'est-à-dire pas de roulette; — et la loterie y est en vigueur, du moins encore pour un temps, la loterie, le plus disproportionné, le moins loyal des jeux. Mais les enfants, grâce à la morale de papier, sont élevés dans la terreur de la roulette et dans une grande indulgence pour la loterie. La mère qui *nourrit un terne* depuis dix ans fait les plus beaux discours à son fils contre *le jeu*. Or, à la roulette, le joueur et la banque jouent presque à chance égale, et cette petite différence suffit pour assurer le benéfice de la banque, tandis qu'à la loterie, le jeu le plus égal, le moins insensé, est celui où le joueur joue un seul numéro et où il a une chance pour lui et quatre-vingt-dix-neuf contre lui.

C'est la morale de papier qui a amené le luxe honteux des femmes, et voici comment la chose s'est faite :

Les courtisanes de profession adoptaient des costumes bizarres, — des législateurs moins bêtes les leur avaient quelquefois imposés, — des robes décolletées dans la rue, la tête nue, des fleurs dans les cheveux, des souliers de satin, des robes de moire, d'or, etc.

A cette même époque, les honnêtes femmes, et même simplement les femmes comme il faut, même les plus riches, même les plus élégantes, se piquaient de ne porter dans la rue que des costumes simples.

Ici, la morale de papier est intervenue; la morale de papier est essentiellement hypocrite : elle se soucie peu des mauvaises mœurs, pourvu qu'elles soient déguisées, fardées et embéguinées.

Les courtisanes avaient un costume qui les faisait reconnaître, et ne parcouraient que certains quartiers et certains emplacements.

Il était trop évident pour la morale de papier qu'il y avait là de ces pauvres filles.

L'autre morale se contentait de savoir qu'il n'y en avait pas ailleurs, que l'on ne pouvait les confondre avec les autres femmes, et qu'on ne les rencontrait que quand on le voulait.

La morale de papier a fermé ces asiles et ces quartiers, et elle a imposé aux filles le costume de toutes les femmes.

De sorte que, aujourd'hui, il y en a partout; on prend une femme de la classe dite honnête pour une fille des rues — et une fille pour une femme de l'autre classe.

Il fallait aller les chercher, — on les rencontre.

Ce n'est pas tout.

Jamais aucune femme n'aurait osé s'habiller comme ces pauvres prostituées; beaucoup étaient retenues sur le bord de l'abîme par la nécessité d'afficher la honteuse profession.

Aujourd'hui, on a ainsi au moins décuplé le nombre de ces malheureuses, en leur permettant de rester confondues dans la foule ; on a recruté, pour cette vicieuse armée, les grisettes, les ouvrières, etc., qui ont passé *lorettes*.

D'autre part, ces filles qui sont entretenues par le public, ont nécessairement plus d'argent à dépenser pour leurs affublements que les femmes honnêtes, qui ne peuvent guère ruiner qu'un mari et un amant.

Celles-ci voyaient sans grande envie les courtisanes afficher un luxe qui les désignait hautement comme courtisanes ; aujourd'hui, le luxe de ces filles est un luxe que toute femme peut étaler, pourvu qu'elle ait assez d'argent.

En la voyant, on se dit :

— C'est peut-être une courtisane, c'est peut-être une femme très-riche.

Et la plupart en courent la chance.

Il en est de même de la fermeture des maisons de jeu. A la roulette, il fallait une certaine résolution pour se faire voir, ou une passion à un degré où elle trouve toujours à se satisfaire.

On jouait avec des chances mauvaises mais connues d'avance — sous la surveillance facile de la police.

Aujourd'hui, les villes sont pleines de tripots clandestins où l'on n'a plus à combattre les chances inégales du hasard, mais l'adresse criminelle des escrocs.

Ainsi, la morale de papier a créé les lorettes et les tripots.

IV

PAUVRE ROBINSON. — LES INCARNATIONS DE VENDREDI.

J'ai habité bien longtemps une petite bourgade au bord de l'Océan. Pendant deux ou trois ans, j'ai été à peu près seul. J'avais un grand jardin, deux petits canots, des filets — et la mer.

O pauvre Robinson! ce n'est pas des Caraïbes et des anthropophages qu'il faut te défier!

J'aime assez les méchants ; ils ne m'ont jamais fait grand mal ; de ceux-là, on se défie, et on a le droit de se défier. Contre eux, on se défend ; on ne va pas sottement à leur rencontre, les mains vides et ouvertes pour serrer leurs mains, la poitrine nue, le cœur découvert.

O pauvre Robinson! ce n'est pas des Caraïbes et des anthropophages qu'il faut te défier!

C'est Vendredi qu'il faut craindre.

Je me rappelle une des incarnations de ce terrible Vendredi.

Celui-là était de la pire espère; c'était de ces gens que l'on appelle « bons garçons; » de ces gens qui passent pour obligeants parce qu'ils aiment à se mêler, à se fourrer dans la vie, dans les affaires d'autrui.

Vous appelez un domestique pour faire porter une lettre:

— Ne dérangez donc personne, s'écrie Vendredi, je mettrai votre lettre en passant.

— Comment, en passant? mais vous ne savez pas où je l'envoie.

— C'est égal; moi, je passe partout, c'est mon chemin partout; je ne vous suis jamais bon à rien, je viens ici fumer, jaser, vous ennuyer; je ne suis pas assez sûr d'être agréable, je veux être utile; sans cela, je ne reviendrai pas. — Allons, donnez-moi votre lettre.

— Tenez.

Il part, et l'on se dit :

— Quel bon garçon !

Seulement, trois ou quatre jours après, vous apprenez qu'il a dit à vingt personnes où et à qui il a porté une lettre pour vous; vous apprenez que, quand il rencontre la femme à laquelle il a porté la lettre, il la salue d'un air d'intelligence; si bien que son mari lui a demandé :

— D'où connaissez-vous donc ce monsieur?

Vous attendez sa première visite — car vous n'allez jamais chez lui — pour lui « laver la tête. »

Vous vous attendez à des dénégations, vous avez rassemblé vos preuves; mais, au premier mot, il s'écrie :

— C'est vrai, je suis un animal, un bavard ! Voulez-vous me tuer? Tenez ! (Et il décroche un yatagan de votre muraille.) Exigez-vous que je me jette à l'eau? Je suis une affreuse canaille ! Voulez-vous que je demande pardon à cette dame, à genoux, au milieu de la rue?

Vous vous plaignez à vos amis communs ; tout le monde vous dit :

— Quoi ! Hippolyte, tu es fâché contre Hippolyte, un si bon garçon ? Allons donc !

Et on vous force de vous réconcilier.

Il est vrai qu'un jour, en remuant des papiers sur votre table, il voit une carte d'huissier.

— Tiens ! tiens ! il vient des huissiers ici ? s'écrie-t-il.

— Si vous étiez plus discret et mieux élevé, dites-vous, vous ne sauriez pas cet incident. Oui, il vient des huissiers ici.

— Eh bien, je ne vous le pardonnerai jamais.

— Quoi ? que voulez-vous dire ? C'est moi qui ne devrais jamais vous pardonner votre manie de *farfouiller !*

— Non, je ne vous le pardonnerai jamais. Savez-vous ce que vous avez fait ?

— Oui, certes : j'ai fait une dette que je ne puis payer aussi vite que le voudrait mon créancier.

— Ce n'est pas cela ! Vous aviez une occasion de me montrer un peu d'amitié, de me faire un sensible plaisir — et vous l'avez laissé perdre. Vous pouviez me dire : « Eh ! là-bas, Hippolyte ! j'ai besoin d'argent, mon bon homme ! » Et Hippolyte, qui n'est pas précisément Crésus, a un ou deux billets de mille francs dans sa tirelire au service de ses amis, Hippolyte eût été enchanté ; mais non, monsieur est fier, monsieur méprise Hippolyte ; il faut que ce soit par hasard que Hippolyte apprenne que les huissiers ont envahi les pénates de son ami ; et quand l'apprend-il ? juste le lendemain du jour où il a prêté jusqu'à son dernier sou à une espèce d'inconnu, à un homme quelconque qu'il n'aime pas, qui ne lui rendra peut-être jamais son argent ! De sorte qu'aujourd'hui, nous voilà bien — vous à la merci de l'huissier — moi dans l'impuissance de vous aider — et en position de perdre mon argent, que vous m'auriez sauvé en me l'empruntant. Non, non, je ne vous pardonnerai jamais ce trait-là. Je voudrais perdre mon argent, pour que vous en eussiez du remords. J'ai la sottise d'être votre ami, et vous n'êtes pas le mien, voilà tout.

Et il sort furieux.

Et vous dites :

— Il est bien indiscret, bien ennuyeux ; mais quel bon garçon !

Et vous lui écrivez pour le consoler.

Hippolyte, donc, m'envoya, un jour, de Paris une lettre pour me demander l'hospitalité ; les raisons qu'il me donna étaient de celles auxquelles il n'y a aucune objection à faire : il était dans un embarras d'affaires qui se débrouillerait de lui-même dans un mois ou deux.

Et Vendredi imprima la trace de son pied sur le sable du jardin de Robinson.

O Vendredi ! c'est un jour funeste qui a été ton parrain ?

Je le reçus de mon mieux ; il resta quatre mois ; puis, un jour, il m'annonça que ses affaires étaient terminées, mais qu'il ne me quitterait plus.

— Vos affaires, dis-je, sont terminées ?
— Oui.
— Bien terminées ?
— Oui, vous dis-je.

— Tout à fait comme vous le vouliez?

— Tout à fait.

— Alors je puis vous dire, sans me gêner, qu'il vaut mieux que nous demeurions chacun chez nous. Vous connaissez Gavarni?

— Certes.

Eh bien, il y a un joli dessin de lui dont je lui ai, un jour, donné la légende. Rien que de très-vrai. « Oreste et Pylade seraient volontiers morts l'un pour l'autre; mais ils se seraient brouillés s'ils n'avaient eu qu'une cuvette et qu'un pot à l'eau. »

— Je comprends; eh bien, je vous aime davantage de votre franchise; je vais louer une maison dans le village; nous serons chacun chez nous, et, quand je viendrai ici, vous me direz comme vous faisiez à Paris : « Hippolyte, mon bon, fichez-moi le camp, j'ai à travailler; » ou : « Je veux être seul. » Rien ne me fait tant de plaisir que quand on me dit : « Fichez-moi le camp, » parce que, quand on ne me le dit pas, je suis sûr que ma présence fait plaisir à mes amis.

— Quel bon garçon ! pensai-je.

Et j'avais presque des remords de lui avoir répondu durement.

— A propos, dit-il, avez-vous de l'argent?

— Oui, assez pour moi, et même un peu à votre service.

— Eh bien, je n'ai pas de chance! c'est au contraire que je voulais vous en offrir ; mais c'est fait pour moi — un poëte qui a de l'argent, vous le faites exprès ! Allons, adieu ; je vais louer une maison, je vais chercher mes meubles à Paris, et je m'installe ici pour le reste de mes jours.

Vendredi tint sa promesse ; — deux mois après, il était citoyen de la bourgade ; il s'occupa soigneusement de son installation. Je trouvai, un jour, le charpentier du village très-occupé autour d'un de mes canots.

— Que faites-vous là, maître Vatinel?

— Quelque chose de très-difficile, monsieur Alphonse ; prendre le gabarrit d'un bateau pour en faire un semblable, et tout à fait semblable ; car M. Hippolyte m'a dit qu'il ne le prendrait pas s'il y trouvait la moindre différence, sauf une seule : il faut que son canot ait un pied de long de plus que le vôtre.

— Ah! c'est M. Hippolyte...?

— Oui, et il veut qu'il soit peint de blanc comme les vôtres — avec les tolets, les porte-tolets et les plaques de cuivre.

— Il ne vous a pas dit de lui donner le même nom?

— Ça, ça ne se peut pas, la marine ne veut pas; mais ça n'en est pas bien loin : le vôtre, celui-ci, s'appelle *le Goëland;* le sien s'appellera *la Mouette.*

Je fis une grimace involontaire; j'étais, au fond, très-vexé; ce qu'on peut faire de pis à un homme, c'est de lui causer un de ces petits chagrins honteux qui touchent à de petites vanités secrètes dont les blessures sont réelles, mais un peu ridicules à avouer.

Ce n'était pas tout : j'avais depuis longtemps adopté comme plus commode à la mer le costume des pilotes de Quillebeuf et du Havre; ce costume avait, de plus, l'avantage de me confondre avec les autres pêcheurs, et de me faire échapper à une curiosité presque toujours importune et toujours embarrassante.

Eh bien, un matin, au détour d'un chemin, je me rencontrai vis-à-vis de moi-même, c'est-à-dire que je trouvai, en face de moi, un homme tout pareil à moi : Vendredi s'était fait, comme moi, couper les cheveux ras; la chaussure, la vareuse, le chapeau, tout était semblable; à dix pas, l'on devait nous prendre l'un pour l'autre; — je le pris un instant pour moi.

L'année précédente, j'avais été parrain d'un bateau de course.

Tous les ans, à la fête des régates, mes braves pilotes étaient invariablement battus par les Anglais, qui venaient de chez eux ramasser les prix et s'en retournaient.

Cette infériorité tenait à plusieurs causes.

La première, c'est que ces hommes formaient un équipage toujours le même, accoutumé à ramer ensemble, n'ayant pas d'autre profession que de courir aux régates, et, conséquemment, plus exercé, plus *entraîné* que les nôtres.

La seconde, c'est qu'ils amenaient des bateaux faits pour la course, qui ne peuvent servir à autre chose et sacrifient tout aux conditions de la légèreté et de la vitesse.

Nos pilotes avaient formé, entre eux, un équipage

exercé, et résolurent d'avoir un bateau à leur gré ; ce bateau fut construit tout en bois de cèdre, et gréé avec un soin paternel.

Quand il fut terminé, on me fit l'honneur de me choisir pour le parrain.

Ce fut l'occasion d'une modeste petite fête, d'un dîner très-simple où l'on but du cidre, un verre de vin et un verre de punch.

Les régates arrivèrent, et, pour la première fois, les Anglais furent vaincus. A la joie que causa cette victoire, aux hourras qui la saluèrent, on peut juger du mérite des adversaires. J'étais, moi-même, commissaire des régates, et je puis avouer que j'étais très-ému pendant la course où *l'Alphonse-Karr,* monté par Mazerat et ses braves compagnons, arriva le premier au but.

Hippolyte annonça qu'il voulait être parrain d'un bateau ; mais tous les bateaux de la plage étaient, depuis longtemps, baptisés ; il n'y avait qu'un moyen : c'était d'en faire naître un nouveau. Hippolyte avisa un demi-marin appelé Pierre, qui, faute de bateau, disait-il, faisait la pêche en second sur le canot d'un autre, et s'employait plus volontiers au transport des pierres, transport qui se faisait en suivant les côtes, et encore ne l'employait-on guère : la vérité est que Pierre s'enivrait outre mesure, et que les autres pêcheurs étaient peu envieux d'aller à la mer avec lui.

Hippolyte lui dit :

— Pourquoi n'avez-vous pas de bateau, Pierre ?

— Parce que je suis pauvre, monsieur Hippolyte.

S'il eût fait une seconde question, et lui eût demandé pourquoi il était pauvre, il eût fallu que Pierre mentît ou dît : « Je suis pauvre parce que je suis un ivrogne et un mauvais marin. »

C'était l'été, la saison où les étrangers viennent prendre les bains de mer. Hippolyte annonça qu'il ouvrait une souscription pour donner un bateau à un pauvre marin dont ce serait la fortune.

— Est-il bon garçon donc, cet Hippolyte ! disaient les gens en lui donnant leur offrande.

On ne tarda pas à ramasser la somme nécessaire et au delà. Hippolyte annonça que le surplus serait consacré aux fêtes du baptême.

Hippolyte se chargea de toutes les corvées; il prenait une voiture, aux frais de la souscription, bien entendu, allait presser le charpentier, le menuisier, le forgeron, le peintre; apportait, lui-même, la couleur, et, si parfois, les chevaux attelés, il faisait en même temps quelques courses pour lui-même et quelques visites, comme il demandait et faisait les commissions des autres, on n'y faisait pas attention et on disait :

— Quel bon enfant !

Le bateau terminé, Hippolyte dit à ceux des souscripteurs qui étaient encore aux bains, car la plupart étaient déjà partis :

—Ah çà ! il faut tout prévoir; Pierre est un peu ivrogne : il est capable, quelque jour, de boire son bateau. Il ne faut pas qu'il puisse retomber dans le malheur d'où nous l'avons tiré. Je vais faire inscrire le bateau sous mon nom ; c'est le seul moyen de le lui conserver.

Le canot fini, on fit, pour le baptême, une fête très-bruyante. Hippolyte fut parrain; on but du vin de Champagne; on cria : « Vive M. Hippolyte ! »

Et on mit le canot à la mer. Pierre, qui n'était ni très-brave ni très-habile, avait cherché, dans le vin, le courage et la science nautique ; il partit avec un second.

Le lendemain, un bateau à vapeur trouva et ramassa le second à demi mort de froid et de terreur, cramponné au bateau renversé.

Quant à Pierre, ce n'est que quatre ou cinq jours plus tard que la mer rejeta son cadavre sur la plage.

Hippolyte en fut très-affligé, et tout le monde le consolait en disant :

— Vous savez le malheur qui est arrivé à ce bon garçon d'Hippolyte?

Il ne se passa pas six mois sans qu'on dît :

— Voyez la manie qu'a M. Alphonse de s'habiller comme Hippolyte, on les prendrait l'un pour l'autre.

D'autres disaient :

— Voyez-vous la sottise de ces Parisiens de vouloir s'immiscer aux affaires des pêcheurs; voyez ces deux-là, ils peuvent bien dire qu'ils ont causé la mort de ce pauvre Pierre.

L'été, tout allait assez bien; quelques écrivains, quelques artistes, d'autres gens distingués venaient me voir; Hippolyte s'en allait parmi eux célébrant mes vertus, et faisant montre de sa tendre amitié pour moi; et tout le monde l'accueillait, et me disait :

— Quel bon enfant! en voilà un qui vous aime!

Mais la belle saison finissait; les feuilles des pommiers jaunissaient et tombaient; les bateaux partaient pour la pêche du hareng; le ciel redevenait gris et pluvieux; les mouettes jetaient leurs cris aigus en se baignant dans l'écume des vagues. Il n'y avait plus dans le pays que les naturels, plus Hippolyte et moi.

Un écrivain, un peintre, un artiste enfin, peut vivre à la campagne, mais il faut qu'il s'arrange pour ne pas vivre en province.

Non qu'il n'y ait en province, et en grand nombre, des gens estimables, intelligents et dont la société peut faire honneur à tout le monde; mais chaque province, chaque ville donne, à ses habitants comme à ses vins, une sorte de goût de terroir qui n'est pas sans agrément, mais qu'il ne convient pas de prendre à des gens qui doivent parler et plaire à tous les pays à la fois.

En outre, on peut dire des artistes ce qu'on a dit

des femmes : « Quand on a été un peu femme à Paris, il est bien difficile de l'être ailleurs. »

Moi, je vivais seul ; je travaillais à mon jardin et à mes livres — et aussi un peu à la pêche. Je faisais une course à Paris, etc.; mais Hippolyte voyait le monde de l'endroit. Là, il n'était pas aussi bien porté d'être mon ami ; on attribuait à des causes absurdes, mais généralement acceptées, mon éloignement pour la société locale ; que vouliez-vous pourtant que je fisse? Je n'ai jamais touché de cartes de ma vie, et je hais les grands dîners, les deux seuls délassements de la vie de province, quand on n'est pas ou quand on n'est plus négociant ; je me rendais justice, je me serais ennuyé et j'aurais ennuyé les autres. Ce que le monde vous pardonne le moins, peut-être, c'est de vous passer de lui. On ne me le pardonnait pas ; je suis resté une douzaine d'années dans ce pays-là ; je courais souvent des bordées jusqu'à Paris ; quelquefois, grâce au chemin de fer, je partais le matin, j'arrivais à quatre heures, je dînais chez des amis qui, à onze heures, me reconduisaient au chemin de fer. Là, je me couchais dans un wagon comme je me serais couché dans mon lit, et je me réveillais le lendemain chez moi à l'aube du jour. J'avais fait cent vingt lieues. Mais, d'autres fois, je restais à Paris une semaine, quelquefois deux, rarement trois.

Eh bien, à chaque voyage, on faisait courir sur mon absence deux bruits différents.

— *Il paraît*, disaient les uns, qu'il s'est vendu au ministère, et qu'il a une fameuse place.

Les places, c'est le rêve du provincial.

— On dit, racontaient les autres, qu'il est en prison pour dettes.

Je supposais — vous supposez peut-être — que ces deux bruits contradictoires étaient peu compatibles ensemble, et devaient se nuire réciproquement.

Eh bien, vous vous trompez, et je me trompais : jamais une de ces deux versions n'a fait le moindre tort à l'autre ; elles ont toujours marché parallèlement, sans qu'une seule fois quelqu'un se soit avisé de faire ce raisonnement : « S'il s'est vendu au ministère, il n'est donc pas en prison pour dettes ; s'il est en prison pour dettes, il ne s'est donc pas vendu au ministère ; un de ces deux bruits est faux, mais aucun n'est plus fondé que l'autre. — *Il paraît, on dit que...* Quel est le vrai? ne seraient-ils pas faux tous les deux? »

Je n'étais pas en prison ; le ministère n'avait pas songé à m'acheter : 1° parce que je n'étais pas à vendre ; 2° parce que je n'en valais guère la peine ; ne valant quelque chose alors comme aujourd'hui que par ma liberté et mon indépendance, m'acheter eût été absurde ; autant acheter un verre de Venise en jetant dedans des pièces de cinq francs qui commenceraient par le briser.

Je revenais donc au bout de huit ou quinze jours ; on disait :

— Il est revenu.

Personne ne songeait à dire :

— Il n'était donc pas en prison? il n'avait donc pas cette fameuse place?

Et cela n'empêchait pas les deux mêmes bruits de se remettre en circulation à mon premier voyage.

Hippolyte commençait par ne pas oser prendre ma défense ; il aurait compromis sa réputation de bon enfant, en n'étant pas de l'avis de tout le monde ; tout doucement il finissait, de bonne foi, par prendre de fâcheuses impressions; il contait sur moi quelques anecdotes ridicules, puis malveillantes, qui avaient le plus grand succès.

— Il faut que ce soit bien vrai, disait-on, pour que son ami lui-même ne puisse pas le nier, et surtout un si bon enfant!

Vers la fin de l'hiver, il me saluait froidement et du plus loin qu'il pouvait.

Mais les pommiers fleurissaient et secouaient au vent salé de la mer leur neige blanche et rose; les oiseaux chantaient dans les haies d'aubépine; les étrangers ne tardaient pas à revenir; les naturels disparaissaient dans leurs trous; les voyageurs prenaient toute la place au soleil; ceux-ci étaient plus bienveillants pour moi.

Alors, c'était autour de moi que l'on causait, que l'on faisait de la musique, que l'on vivait.

L'amitié d'Hippolyte se réveillait comme une marmotte qui a passé l'hiver engourdie, avec cette différence que cette amitié avait été plutôt enragée qu'endormie. Il recommençait à dire : « Ce bon Alphonse! » et se remettait à m'aimer de bonne foi, pour tout l'été, comme il m'avait détesté de bonne foi pendant tout l'hiver.

V

UNE HISTOIRE DE VOLEURS.

...J'étais dans les Pyrénées, me dit Ferret, j'avais parcouru tous les chemins connus, tous les *poncifs*, tous les sites, sorte de *lieux communs* au physique, qui sont abordables à tous. Je commençai à vouloir visiter les endroits que paraissent s'être réservés presque exclusivement les chamois et les ours, certain de n'y rencontrer sur la mousse la trace d'aucun pied humain, de n'y avoir été précédé ni par les touristes ni par les amateurs. Muni des armes convenables et des renseignements nécessaires, je me mis en route un matin. Dès le début, le chemin était peu encourageant.

Je traversai d'abord, avec des peines inouïes, quelques torrents écumeux et mugissants, tantôt sur des roches humides et polies comme la glace, tantôt sur de grands pins que les courants formés par la fonte des neiges déracinent, entraînent et laissent en travers, dépouillés de branches et d'écorce. Certes, sur de pareils ponts, on ne regrette pas le sou du péage du pont des Arts, infiniment plus commode sous tous les rapports, et qui n'a d'autre désagrément que de mener tout droit à l'Institut.

Je trouvai ensuite un chemin étroit et couvert de mousse verte et glissante entre deux précipices dont le fond, hérissé de roches noires et aiguës, n'est visible que par l'espèce de lumière effrayante que répand l'écume blanche des torrents. Quelquefois le bassin s'élargit sur une pente moins rapide, et l'eau qui fuit reflète le bleu du ciel et la verdure qui pend des roches; d'autres fois, les cimes des roches noires se rapprochent, la pente plus ardue rend au torrent toute son impétuosité; l'œil interroge en vain les sombres profondeurs de l'abîme où mugit invisible le torrent furieux.

Plus loin, des rochers s'élèvent à droite à la place d'un des précipices; il n'y en a plus qu'un, mais ces grandes roches d'un gris jaunâtre semblent vous y pousser. A chaque instant, le sentier devient plus étroit; les morceaux de rocher, récemment tombés, obstruent le chemin. Des crevasses sortent, en rampant, de souples branches d'arbrisseaux qui vont fleurir plus près du ciel et du soleil, impatientes de quitter ces asiles humides d'affreux reptiles, où parfois le vent les fait retomber et pendre le long des roches.

Après avoir longtemps monté, je me trouvai au-dessus de la région des nuages, je les vis alors roulés par le vent à travers la vallée; cependant, malgré l'élévation où j'étais parvenu, malgré la vitalité et l'âpreté de l'air, il me parut alors que le sommet de la montagne s'abaissait et servait de base à d'autres montagnes, dont les mamelons offraient l'aspect le plus riche comme le plus varié de formes et de teintes.

Il n'y a que deux sortes d'hommes qui parviennent jusque-là : le contrebandier et le douanier. C'est sur ce sommet que se livrent leurs fréquents combats, où la force, le courage et l'adresse déploient leurs miracles sans témoin : le contrebandier, semblable au chamois; le douanier, au chien qui ne chasse pas pour lui-même, et n'en a cependant pour cela ni moins d'ardeur, ni moins d'opiniâtreté. C'est sur un seul passage qu'ils se rencontrent, passage qui permet de redescendre le versant de la montagne et d'entrer en Espagne. Mais le contrebandier aime quelquefois mieux tromper son ennemi que le vaincre, et puis le douanier est souvent plus nombreux que lui ; alors il prend par les chemins détournés que les chamois et les ours ne tentent que lorsqu'ils y sont forcés par un chasseur implacable. Ce n'est point, certes, par crainte que le contrebandier élude la rencontre de ses adversaires ; car la route qu'il doit prendre est mille fois plus dangereuse que le fusil des douaniers.

On suit des sentiers presque invisibles dans une forêt où les arbres meurent de vieillesse, tandis que la jeune génération qui leur succède peut à peine percer de son faible branchage les cadavres des chênes et des sapins morts. Au milieu des rochers énormes qui viennent encore entraver la marche, tout passage semble fermé ; cependant un énorme bloc ne touche la terre que par un point, soutenu qu'il est par les grands bras noirs d'un chêne immense qui s'étend sur ce bloc et jusque par terre comme une montagne de verdure; ce chêne se cramponne au sol pierreux par des racines longues, à moitié hors de la terre, noueuses, couvertes de mousse, et semblables à de grands serpents endormis.

En écartant péniblement quelques-unes des branches de ce chêne, l'œil glisse sur la roche inclinée, à travers une étroite percée. Le regard se perd dans un vide immense, qui semble commencer de l'autre côté du chêne, pour n'avoir ni fin ni bornes. Il faut ramper à travers le branchage, puis se laisser glisser sur la roche polie, puis sauter sur un lit de bruyères.

Au bout de quelques instants, l'œil, accoutumé, commence à discerner les objets dans cette obscurité silencieuse, et l'on découvre les bords escarpés d'un torrent, que l'on entendait d'abord mugir sans le voir.

C'est là qu'il faut se diriger, tantôt se suspendant aux branches des arbres, tantôt se laissant glisser sur une roche luisante, jusqu'à un arbrisseau auquel on se cramponne pour arrêter ou modérer sa course involontaire.

Arrivé au torrent qu'il me fallait traverser, je ne trouvai ni pin renversé ni rocher pour le passer; l'eau en est aussi froide que la glace, et cependant, en m'y plongeant, je m'en aperçus à peine, tant j'étais pénétré du froid que j'avais éprouvé dans ma route, dans cette atmosphère où jamais n'est descendu un seul rayon de soleil.

Mon voyage était alors fini, je n'avais plus que de légères difficultés à surmonter, lorsque je vis sortir, de derrière une roche noire, de la fumée à la lueur d'un feu. Je savais que les contrebandiers ne se font pas le plus mince scrupule de dépouiller les voyageurs, d'autant mieux que personne n'irait chercher le cadavre de la victime dans les précipices profonds où on le jetterait. J'armai donc sans bruit un de mes pistolets; j'assurai mon bâton ferré dans ma main droite, et je marchai vers le feu. Alors une tête s'éleva, et j'aperçus le canon d'une carabine tourné vers moi. Ce n'était pas le moment de crier à la garde, ni de me reposer sur une patrouille plus ou moins *grise* du soin de ma défense. J'assenai un coup de bâton sur la carabine, que les mains qui la tenaient laissèrent échapper, puis je mis mon pistolet sur la poitrine du contrebandier. Mon mouvement avait été tellement rapide, et, d'ailleurs, l'homme se croyait si peu vu, qu'il n'avait pas eu le temps de parer mon attaque.

— Ohé ! camarade, lui dis-je, tu exerces mal l'hospitalité ; mets-toi à plat ventre, ou tu es mort.

Il obéit, et je jetai sa carabine dans un précipice. Puis je lui dis :

— Relève-toi et console-toi d'avoir manqué ton coup : tu ne t'adressais qu'à une mauvaise capture ; je suis peintre, et, comme toi, vivant au jour le jour, ayant comme toi à lutter, mais contre l'ignorance et le mauvais goût, douaniers immortels qui ne laissent rien passer sans y apposer leur cachet. J'ai faim et soif, partage avec moi les provisions qui gonflent ce bissac.

Cependant ses narines se gonflaient de fureur.

— Écoute, dis-je, je n'ai aucun mauvais dessein contre toi ; seulement, si tu fais un pas vers moi ou le moindre geste inquiétant, je te casse la tête. Si tu veux être tranquille, nous resterons et nous nous quitterons bons amis.

J'ouvris son bissac, et je mangeai son lard, et je bus le rhum que contenait son outre. Mon voyage, plus long et plus difficile que je ne l'avais supposé, me rendit ce repas on ne peut plus agréable.

— Maintenant, mon brave, ajoutai-je, nous allons nous séparer, et je te souhaite meilleure chance. Seulement, j'ai encore un petit service à te demander. Tu as une belle et énergique tête, un regard expressif et pénétrant, et la fureur ridicule que tu conserves contre moi ajoute encore à la vigueur de ta physionomie. Tu dois une réparation aux arts, dont tu as failli tuer en moi un des plus zélés serviteurs; tu vas donc bien vouloir poser pour que j'esquisse ton portrait.

Il se leva en colère.

— Tout cela est inutile. Si tu m'avais atteint avec ta carabine, tu m'aurais dépouillé et jeté dans le lit du torrent; j'aurais bien été forcé de me soumettre à ce droit du plus fort. Ce droit, je m'en suis emparé, et j'en use, il me semble, généreusement. Je te crois trop homme d'esprit pour supposer que tu refuses d'obéir à un homme qui peut te brûler la cervelle. Assieds-toi; très-bien. Les yeux un peu plus tournés vers moi, bien; la tête plus haute, la main tombant naturellement. Ote ton chapeau; j'aime les boucles de cette belle chevelure noire. Allonge un peu la jambe et laisse-la se croiser sur l'autre.

Mon homme murmurait, jurait; mais cela ne me gênait en rien; il posa ainsi pendant vingt minutes. Voici son portrait. Quand ce fut fini, je serrai mes couleurs et je lui dis :

— Une autre fois, pense qu'il n'y a qu'un artiste qui s'expose à se tuer pour voir quelques vieux hêtres et quelques roches moussues. Un homme riche n'y penserait même pas sans frémir; on expose volontiers sa vie, mais on n'expose pas son argent. Au plaisir de ne pas te rencontrer. Adieu!

VI

ON NE SE GÊNE PAS AVEC SES AMIS.

Ah çà ! qui s'est servi de ma plume aujourd'hui ?
S'est-il donc introduit céans quelque poëte,
Et l'a-t-on laissé seul avec elle... la nuit ?
Elle prend sous mes doigts une allure inquiète ;
Refuse, en se cabrant, de courir jusqu'au bout
De la ligne, — piaffe en mesure, et rassemble
Des mots incohérents choisis je ne sais où,
Disant je ne sais quoi, mais qui riment ensemble.
Je n'ai pas fait de vers depuis tantôt quinze ans ;
Il va m'arriver mal, comme nos gars normands,
Fermes sur leur bidet qui ne trotte que l'amble,
Se font désarçonner par des chevaux fringants.

Mais on tombe, on remonte, et, d'ailleurs, vers ou prose,
Je dirai ma pensée, et jamais autre chose.
D'avance, je suis sûr de ne jamais souffrir,
Avec sa douce voix, que la rime m'impose,
Lorsque je pense noir, de dire blanc ou rose.
Je ne suis pas de ceux que l'on voit s'attendrir,
Et céder lâchement de peur de l'appauvrir ;
Car j'en ai vu plus d'un, dévot à la césure,
Changer l'opinion qui gênait la mesure,

Et trahir, sans scrupule, un tendre sentiment
Dont l'objet, à son gré, rimait peu richement.
A parler nettement, avant tout, je m'attache ;
Quand je devrais rimer *Mardoche* avec *Eustache*,
Je n'écrirai jamais que ce qu'en mon esprit
D'avance j'ai jugé vouloir qui soit écrit.
Depuis moins de huit jours, voilà qu'on me décoche,
Dans deux papiers divers, deux fois même reproche :
De frapper trop souvent sur le même ennemi.
Puisque vous répétez tant que je me répète,
Sans doute, il en est bien quelque chose, gazette.
Causons-en un moment, s'il vous plaît, aujourd'hui.
Entre ces vignerons qui négligent leurs vignes,
Parce que, tout le jour, sans fatigue et sans fruit,
Ils font l'inspection de la vigne d'autrui,
Je vais en choisir deux, les plus forts, les plus dignes,
Et leur dire trois mots. L'un, grand homme inédit,
Ne se répète pas, — n'ayant jamais rien dit...
Ah ! pardon, j'oubliais quatorze courtes lignes,
Qui l'ont classé parmi les poëtes insignes,
En mil huit cent trente-un. C'est creux, ça ne dit rien ;
Mais qu'importe, pourvu que cela rime bien ?
Rime riche, et rimant au moins par quatre lettres !
Il se plaça lui-même au nombre des grands maîtres ;
Il fit bien mieux : il prit le parti très-prudent
D'être, à la fois, son dieu, son prêtre et son croyant.
On vit donc éclater cette œuvre belle et rare,
En mil huit cent trente-un ; aussi, depuis cela,
L'histoire, selon lui, commence et finit là.
Tout, avant son sonnet, n'est qu'une nuit barbare ;

Et, depuis le sonnet, lasse d'un tel effort,
La nature épuisée, et forcément avare,
Ne produira plus rien, pendant longtemps encor.
Son sonnet, c'est une ère, une époque, une hégyre ;
Tout ce que l'on peut faire, et ce qu'on peut écrire
Se date ainsi : c'était cent ans, dix ans, un an,
Soit avant, soit après ce sonnet étonnant,
Qu'on vit paraître un soir, comme en la plaine bleue
On a vu, de nos jours, une comète à queue,
Date chère aux gourmets, date qu'on voit encor
Aux voûtes des caveaux inscrite en lettres d'or.
J'ai ouï dire par l'un de ses amis intimes,
Que l'on a vu l'auteur de ces quatorze rimes
Demander, un peu gris, le soir, au cabaret,
Du vin récolté l'an qu'apparut le sonnet.

Celui-ci, gosier sec, qui ne boit l'hippocrène
Qu'en soucoupe d'un autre, écrivain tire-laine,
Qui s'en va détroussant les poëtes la nuit,
En habit d'arlequin fait de haillons étranges,
De lambeaux variés pris au manteau d'autrui,
Sans songer prudemment qu'à son risible habit
Je pourrais réclamer bon nombre de losanges,
Me reproche, à son tour, d'avoir parfois repris
Dans des livres à moi des morceaux déjà mis,
Et, comme un vrai voleur, ailleurs de les remettre...
Il me semble un laquais, qui trouve que son maître,
Avant de les quitter, use trop ses habits.

Ce n'est pas à ceux-là que je dois rendre compte ;
Car, moi, je ne suis pas, à vrai dire, un auteur ;

Lorsque sur le papier je jase ou je raconte,
De parler au public, non, je n'ai pas l'honneur.
J'ai mon public à moi, mon petit auditoire ;
Encore est-il épars en cent endroits divers.
Quand je trouve une idée au fond de l'écritoire,
Je le prends un à un, pour lui dire mes vers.
Qu'ils soient beaux ou mauvais, qu'ils soient tristes ou drôles,
Je parle à des amis, je parle sans façon,
Jamais ils n'ont sifflé ni haussé les épaules.
L'un m'attend sur la rive où d'un léger frisson,
Sous un vent parfumé, tremble l'ombre des saules ;
L'autre, au coin de son feu, quand la rude saison
Fait sonner les vitraux de la vieille maison ;
Un autre lit mon livre en son humble mansarde
Où loge l'espérance, où le soleil regarde
A travers le réseau des liserons en fleur.
Non, non, je ne suis pas un véritable auteur !
Comme un paon vêtu d'or, de saphir, de topaze,
Un véritable auteur, aussitôt qu'il écrit,
Arrondit au soleil et fait briller sa phrase,
Il attaque, il défend, il bat, il chante, il rit,
Pour faire dire aux gens : « Mon Dieu, qu'il a d'esprit ! »
Il ne s'exposera qu'à d'apparentes noises,
Et, s'il livre un combat, sachez-le sûrement,
C'est un combat brillant où les armes courtoises
Ne doivent pas frapper fort, mais élégamment.
Moi, je suis un soldat, et, quand je fais la guerre,
C'est que je veux avoir mon ennemi par terre.
Correctement placés sur leurs souples jarrets,
On voit les amateurs, dans les salles d'escrime,

De tierce, de seconde, et de quarte et de prime
Amuser les regards par le jeu des fleurets ;
Mais, quand, sur le terrain, une lame pointue,
Si vous ne la parez, parfaitement vous tue,
Ce n'est plus un spectacle, et les plus beaux tireurs,
De coups peu variés vous feront spectateurs.

Quand la justice tient un brigand émérite
Échappé de Toulon, alors qu'elle l'invite
A retourner orner le bagne un lustre ou deux,
Il pourrait reprocher au juge une redite :
« Ah ! vous vous répétez, monsieur, c'est ennuyeux ;
J'aime mieux m'en aller, c'est par trop monotone. »

Quand un cheval rétif, refusant le travail,
Reçoit des coups de fouet au milieu du poitrail,
Jusqu'à ce qu'au devoir enfin il s'arraisonne
(C'est la règle), il pourrait hennir à l'écuyer :
« Encor, encor, encor ! tu devrais varier ;
Toujours au même endroit de ton fouet tu me cingles. »

Ma justice a son glaive, ainsi que son fléau ;
J'ai divisé le glaive en des milliers d'épingles ;
Mais des récalcitrants j'ai bien soin que la peau,
Quand je rends les arrêts de ma justice brève,
Ait son compte et reçoive en détail tout le glaive.

Quand le Christ, exerçant de prudentes rigueurs,
Et donnant, par malheur, un inutile exemple,
Fit un fouet du cordeau dont on pend les voleurs,

Il mena les marchands, sans craindre leurs clameurs,
En les fouettant toujours jusqu'aux portes du temple.

On peut bien partager, sans se croire un nigaud,
Avec Caton l'ancien, un même vertigo :
Eh bien, pendant dix ans, sa voix mâle et sévère,
Soit qu'il fût question ou de paix ou de guerre,
D'aqueducs ou d'égouts, ou de tout autre affaire,
Finissait en disant : *Delenda Carthago !*

On ne put obtenir de lui d'autre harangue.
Enfin, lorsqu'il mourut le gosier un peu sec,
Pour varier sa phrase, en la changeant de langue,
A quatre-vingt-cinq ans il apprenait le grec.
On le laissa crier et mourir ; mais Carthage
Ne lui survécut pas bien longtemps sur sa plage :
Trois ans après sa mort, Scipion Émilien
Brûla Carthage, et fut le second Africain.

Qu'on assiége une ville, alors qu'en la muraille
Le canon bien pointé fait enfin une entaille,
On ne s'avise pas de tirer autre part ;
On élargit la brèche où passe le soudart.
Demandez au boxeur : croyez-vous qu'il s'amuse
A frapper tour à tour, pour varier son coup,
Son adversaire au front, au flanc, aux yeux, partout ?
Non, ce n'est pas ainsi, croyez-moi, qu'il en use :
Quand un coup, bien porté, fait sa marque en bon lieu,
Son poing ne cherche plus et ne vise qu'au bleu.

Mais que le cheval marche et le brigand s'amende,
Que Carthage, sous l'herbe, ait ses murs abattus,
Qu'à terre le boxeur baisse ses poings vaincus,
Que le ciel du bon Dieu moins à faux poids se vende,
Qu'on soit moins catholique et chrétien un peu plus,
Si je frappe un seul coup, que Satan me le rende.

Le mal vient seul. On n'a que le bien qu'on arrache.
Oui, j'ai parlé dix ans sans trêve et sans relâche
De ces spéculateurs, banquiers de grand chemin,
Auxquels l'État a mis l'espace dans la main ;
Ces énormes cochers qui, la chose est notoire,
D'avance ont partagé des millions pour boire,
Infligeaient la torture au routier indigent,
Coupable, au premier chef, d'avoir trop peu d'argent.
J'ai poursuivi dix ans, de mes piqûres âcres,
L'État imprévoyant, le banquier inhumain,
L'autorité distraite, et ce peuple gamin
Si sévère à ses rois, si docile à ses fiacres.

On me disait alors, tout comme maintenant :
« Cet homme, bien souvent, nous dit la même chose !
Ennuyeux rabâcheur ! écrivain ruminant ! »
Mais je continuais, et j'ai gagné ma cause,
Et cela bien souvent ; j'ai fait à maint abus,
Par cet entêtement qui jamais ne repose,
Lâcher prise : ceux-là, je n'en parlerai plus.
Mais il en est encore, et fort je m'en soucie,
Qui, sans être ébranlés, ont soutenu mon choc.
De marbre de Paros quand on veut fendre un bloc,

En vain on frapperait sa surface durcie
De l'acier irisé d'un sabre de Damas,
L'acier s'ébrécherait, et n'entamerait pas
Le marbre blanc et dur qui se fend en éclats
Sous l'effort obstiné de l'incessante scie.

Du vers imitatif, que dites-vous lecteur ?

Dans la foule, un larron, dans une pauvre poche,
Vole quelques gros sous, et je crie : « Au voleur ! »
Mon homme, un peu plus loin, enlève une sacoche,
Dussé-je mal rimer, je recrie : « Au voleur ! »
Lui, crie : « Au rabâcheur ! » Tous me cherchent querelle :
« C'est répéter toujours la même kyrielle ;
C'est n'avoir à son luth qu'une seule ficelle ;
C'est ennuyer les gens qu'on devrait amuser. »
Pour ne pas rabâcher, il faut que je le nomme
Voleur au premier vol, au vingtième, honnête homme,
Comme fait tout le monde. Autrement en user,
C'est être malveillant, se singulariser.
Il faut considérer la grosseur de la somme :
On vole dix écus, on gagne un million ;
Quand on est pendu, c'est pour prendre du billon.
La honte est grande alors que la somme est petite ;
Être infâme gratis, c'est honte, — et cher, mérite.
Voleur n'est pas un nom dont on doive affubler
Un homme que l'on peut, à son tour, sous-voler...
Sans trêve et sans repos, dans leurs devoirs sublimes,
Le gendarme et la loi veillent sur les centimes,
Mais les louis, il faut par soi-même y veiller.

De même, quand on tue un homme, on est infâme ;
L'orateur du parquet, à tue-tête réclame
Votre mort et l'obtient, et la foule applaudit.
Mais tuez les manants, et brûlez les chaumières,
Si votre nom, au loin, comme un glas retentit,
Et si vous décimez des nations entières,
Sur votre piédestal, tout formé de ses os,
Le peuple applaudira. Pour quelques tabatières,
Les rimeurs vous mettront au nombre des héros.

Un pauvre chamelier, demi-mort de misère,
Dans une ville, un jour, prit un pain, le mordit...
Le marchand l'arracha de ses dents. Le cadi
Lui fit un long discours fort moral, et lui dit :
« C'est cent coups de bâton, sous les pieds, mon cher frère,
Qu'il vous en coûtera, pour apprendre à mieux faire. »

Le chamelier, boiteux, écloppé, s'en alla,
Disant : « C'est un peu cher... une bouchée ! Allah !
Je m'y serai mal pris ; la leçon est utile. »

Il courut la campagne, et puis il rassembla
Cent autres chameliers, d'un appétit hostile ;
Torche et bâton en main, ils surprirent la ville,
Tuèrent cent manants, brûlèrent vingt maisons.

Puis, rassemblant le peuple en la place publique,
Ils donnèrent du fait d'excellentes raisons,
Ou, du moins, des raisons qu'on jugea sans réplique.

« De ce qui s'est passé, ne gardez nul chagrin ;
Notre chef, consultant votre intérêt unique,
Accepte le fardeau du pouvoir souverain. »
Lors, on cria : « Vivat ! »

      Le front dans la poussière,
Le cadi, tout tremblant : « Éclatante lumière !
O vertu sans égale ! étoile ! astre divin !
L'humble justice attend tes ordres en silence.
Mais permets qu'elle jette enfin cette balance,
Ridicule attribut dont on charge sa main,
Qui gêne à manier le glaive en conscience.

— Eh ! dit le chamelier, c'est une connaissance !
Cadi, qu'avez-vous fait du restant de mon pain ?
Je crois qu'on y peut mettre un peu de confiture,
Sauf votre avis. Merci, la leçon était dure,
Mais je suis corrigé ; je ne suis pas si fou,
Connaissant les secrets d'une morale pure,
Que de voler jamais un petit pain d'un sou. »

Vous prenez un foulard, gare les commissaires !

Mais, si vous ne volez jamais que des lingots,
De ce qu'on pensera ne vous tourmentez guères ;
Vous serez demi-dieu, vous aurez vos cagots.

Voilà ce qu'on me dit, et ce que je repousse.

D'un monde un peu meilleur la croyance m'est douce.
A ceci j'ai borné mon humble ambition :

C'est que, grâce aux clameurs qu'obstinément je pousse,
Les traîtres, les méchants et les sots ne pourront
Invoquer le bienfait de la prescription.
Sans trop croire aux cadis, je crois à la justice;

Sans trop croire aux imans, je crois au Dieu propice
Qui s'est logé très-haut, et qui ne nous permet
Que des opinions, gardant pour lui le vrai;
Qui laisse l'homme faire une apparente route,
Marcher, piétiner avec un vain fracas,
Mais dans un cercle exact, et ne nous permet pas
De détruire un brin d'herbe, et de perdre une goutte
De l'immense Océan, de ce grand ciel d'en bas.

Il met les choses haut qu'il ne veut pas brisées;
Chaque siècle, peut-être, il abaisse un regard
Pour réparer un peu, si nos billevesées
Avaient, par cas fortuit, amené quelque écart;
Et fait, grand horloger, l'avance ou le retard.

Dans les projets de l'homme et ses folles visées,
La Providence a dû se garder une part :
C'est ce que le vulgaire appelle le hasard.

Je crois à la sagesse, en riant des sophistes;

Je crois à la morale, et crains les moralistes;

Je hais les raisonneurs, et crois à la raison;

Et, quand je vois la flamme envahir la maison,
Sans varier mes mots, en dépit des puristes,
Je crie : « Au feu ! au feu ! au feu ! accourez sus ! »
Sans me préoccuper de mes trois *hiatus*.
Je tiens qu'il n'est besoin de meilleures harangues,
Tant que la flamme au ciel darde ses rouges langues,
Qu'il faut persévérer, nu-jambes et nu-bras,
A jeter, d'une main obstinée et hardie,
De l'eau tant qu'on n'a pas étouffé l'incendie,
Dût-on éclabousser par d'humides éclats
Et gâter le pourpoint de quelques délicats.

VI.

DES SOULIERS TROP LARGES.

— Pourquoi vous en allez-vous déjà, ma chère Caroline ?

— C'est parce que je vous gêne.

— Quelle supposition !

— On a sonné, et votre femme de chambre est venue vous parler à l'oreille... Ne me répondez pas, ne faites pas semblant de me retenir, ou je ferai semblant d'être attendue.

—Ah!... c'est un prétexte?... Bien... Si vous êtes attendue, adieu.

— Moi? Pas le moins du monde!

— Alors, restez... Tenez, je vais vous dire ce que c'est... C'est un cordonnier que j'ai fait demander... c'est le cordonnier de madame Marbois.

— Et pourquoi le cordonnier de madame Marbois?... est-ce que vous quittez le nôtre?

— Oh! non... Mais je veux emporter à Trouville une provision de souliers tout faits, des souliers dont chaque paire durera une promenade sur le sable. Le nôtre est cher, et, d'ailleurs, ne fait que les chaussures commandées. Je ne pourrais attendre qu'il m'en fît six ou sept paires que je veux emporter.

— Eh bien, faites entrer.

— Ce serait bien familier.

— Faites-le entrer, ou je m'en vais.

LE CORDONNIER.

Madame m'a fait commander de lui apporter des souliers?

AGATHE.

Oui, des souliers très-larges, trop larges; d'ailleurs, j'ai la haine des souliers étroits. Ainsi, si vous voulez avoir ma pratique, ne me chaussez pas étroit... J'ai les pieds très-délicats... je ne suis pas comme madame Marbois, qui peut se serrer impunément les pieds avec une rigueur devant laquelle eût reculé le tourmenteur lorsqu'il appliquait le criminel à la torture des brodequins.

— Je ne connaissais pas le pied de madame; je crains bien de n'avoir rien apporté d'assez petit... Mais je suis à deux pas de chez moi; si madame veut me le permettre, je vais sauter jusqu'à ma boutique... et... j'espère trouver ce qu'il faut à madame.

— Quelle manie ont certaines femmes de se mettre à la torture!... Cette pauvre madame Marbois, je l'ai vue pâlir en dansant, tant ses souliers la faisaient souffrir.

— Et la taille donc!... on prétend que sa femme de chambre ne peut pas la lacer, et que c'est son cocher qui remplit cet agréable emploi.

Caroline fait une longue aspiration et tire en avant sa basque; ce qui lui donne l'air d'être très au large dans ses vêtements.

4.

— Je suis allée au théâtre avec elle, il y a quelque temps ; je suis allée la prendre ; eh bien, de la rue de Grenelle à l'Opéra, elle n'a pu mettre qu'un gant : elle a mis le second dans la loge, tant elle s'obstine à introduire ses mains dans des gants plus petits qu'elles.

— Madame, voici ce que j'ai de plus petit ; mais je crains bien que ce ne soit encore trop grand pour madame. Il faudra que j'en fasse : nous ne fabriquons pas d'avance des chaussures pour des pieds exceptionnels ; nous risquerions de les garder dans nos magasins.

— Je vous ai dit que je veux des souliers trop larges.

— J'ai bien compris, madame. Si madame voulait être chaussée juste, je lui aurais dit tout de suite que je n'ai rien pour elle.

— Ah ! quelle horreur !

— C'est large, madame.

— Je vous demande des souliers larges, mais pas des bateaux. Otez-moi bien vite cela ; je ne pourrais pas faire trois pas sans les perdre.

— Et ceux-ci, madame ?

— Ceux-ci ?... Encore trop larges. Je veux être à mon aise dans des souliers, et cependant je ne peux pas mettre des souliers qui seraient trop larges pour madame Sirach.

— Ah ! madame, madame Sirach ne mettrait pas son orteil dans les souliers qui sont trop larges pour madame... Et ceux-ci ?

— Vous êtes dans l'excès contraire... Ce sont des souliers de poupée que vous me montrez là.

— Non, madame, c'est la mesure de madame Marbois même; je me trompe fort si ces souliers n'ont pas été faits pour elle... Oui, précisément, voilà sa marque...

— Alors, elle n'a pas pu les mettre.

— Au contraire, madame, elle les a trouvés trop larges.

— C'est un peu hardi... Eh bien, que faites-vous ?

— Je serre ces souliers que madame trouve trop étroits, et j'en cherche d'autres.

— Attendez du moins que je les aie essayés...

— Caroline, je les trouve un peu justes, ma chère...

— C'est ce qui vous trompe, ma chère. (Elle retire un peu les doigts du pied et montre que les souliers sont trop longs.) Comme la vue trompe!... c'est justement là mon affaire.

— Ma chère, comme vous êtes rouge! les larmes vous en viennent aux yeux.

— C'est de me baisser... Je croyais que madame Marbois avait le pied plus petit. Tenez, mon pied danse dedans.

— Demandez-en de plus étroits, alors, ma chère.

— Non. Pour courir sur le sable, le matin, il faut être chaussée un peu large.

— Qu'avez-vous, ma chère? Vous paraissez souffrante.

— Moi? Pas le moins du monde... C'est bien large; mais je mettrai des bas de laine... C'est très-ordonné contre l'humidité de ces plages. Je les garde. Cherchez-m'en deux autres paires pareilles.

— Je vais les envoyer à madame.

— Décidément, chère Agathe, vous êtes préoccupée ou vous souffrez.

— A vous dire vrai, chère Caroline, je viens de

me rappeler que j'ai à écrire une lettre que j'avais entièrement oubliée en causant avec vous.

— Je vous quitte cette fois ; écrivez votre lettre.

— Adieu donc, méchante, puisque vous ne voulez pas rester.

Caroline est à peine dans l'antichambre, qu'Agathe ôte précipitamment ses souliers et respire largement, comme une personne soulagée d'une grande douleur. Elle a sonné sa femme de chambre.

— Arolise, lui dit-elle, quand ce cordonnier va envoyer deux paires de souliers, vous les refuserez et vous lui rendrez ceux-ci ; ils sont trop mal cousus.

On sonne. — C'est le cordonnier; c'est aussi Caroline, qui a oublié son éventail.

Agathe se dépêche de remettre ses souliers.

— Pardonnez-moi, dit-elle, j'allais essayer ces souliers avec des bas de laine.

Arolise rentre et cherche.

— Que cherchez-vous, Arolise ?

— Madame, c'est le cordonnier, et je cherche...

— Vous n'avez rien à chercher ici.

— Pardon, madame : il apporte les deux autres paires, et madame m'avait dit...

— De les prendre et de les payer toutes les trois : il n'y avait pas besoin de me déranger pour cela.

Comme Caroline va sortir, il entre au salon un ami du mari d'Agathe : il dîne chez elle.

Agathe va profiter du départ de Caroline, qui traverse le salon, pour s'en aller bien vite quitter ses souliers, qui la font horriblement souffrir ; mais à peine le nouveau venu a-t-il salué ces dames, qu'il leur annonce qu'il a une ravissante histoire à leur faire de madame de ***. Caroline se rassied ; le mari d'Agathe arrive à son tour, et dit à Caroline :

— La charmante surprise ! Vous êtes des nôtres ?

— Des vôtres ! Est-ce qu'il y a quelque chose ?

— Mais oui ! Est-ce qu'Agathe ne vous a pas dit que nous allons ce soir en débauche au théâtre du Palais-Royal ? On dit qu'il y a à mourir de rire.

— Je n'avais pas osé en parler à Caroline : elle est un peu collet monté.

— Oh ! ma chère, vous faisiez donc bien peu d'attention à M. de Maraudière, que vous ne vous êtes pas aperçue qu'il est mort il y a deux ans, et que je n'ai, depuis ce temps-là, pas manqué les occasions de me consoler; mais je n'aurais pu accepter, je dîne chez ma mère.

— Écrivez un mot, je vais l'envoyer.

— Monsieur Pernin, vous me séduisez; j'écris.

Agathe va sortir du salon, lorsqu'on annonce que le dîner est servi.

M. Pernin offre le bras à madame de Maraudière; Agathe dit :

— Restez encore un moment au salon.

— Vous achèverez de vous habiller après dîner, dit le mari.

— Non, non; Agathe va sans doute ôter des souliers neufs qui la gênent un peu.

— Qui, moi? ces souliers-là! de vrais petits bateaux que j'ai achetés pour courir le matin sur la plage de Trouville? Ma foi, non; je les aurais changés si nous étions allés dans le monde, parce qu'on ne veut pas être ridicule; mais, au théâtre, il importe peu d'être si bien chaussée; et puis j'avoue que mes autres chaussures sont bien plus étroites que celle-ci, et je m'y sens tellement à mon aise, que je vais les garder.

Agathe garde les souliers. Elle trouve le dîner exécrable, et se propose de chasser le cuisinier. Au théâtre, elle déclare les pièces nullement plaisantes ; les acteurs les plus gais sont intitulés des farceurs ennuyeux ; le public qui rit excite ses sarcasmes. Elle est rude avec son mari. Elle se fâche avec l'ami de son mari, et ne le regarde pas une seule fois de la soirée. Puis, le lendemain, elle dit à madame Marbois que le mari de Caroline est mort de chagrin.

VIII

LUCIOLES.

Catherine II, celle que Voltaire appelait Catherine le Grand, disait en revanche de Voltaire : « Voltaire est mon protecteur ; c'est lui qui m'a mise à la mode en Europe ; de plus, il m'a appris bien des choses en m'amusant. »

Quel est le roi qui disait : « Un roi sans musique et sans poésie est un âne couronné ? »

Ceux-là aiment le marbre, qui méritent des statues.

Carmen amat quisquis carmina digna facit.

—

C'est à cette même Catherine que le prince de Ligne — auquel elle disait : « Je consulterai mon cabinet, » — répondait :

— Le cabinet de Saint-Pétersbourg, je le connais, cela va d'une tempe à l'autre, et du nez à la nuque de Sa Majesté.

—

« On a constamment pris pour ministres, dans le pays où il y a le plus d'esprit, les hommes qui en avaient le moins. » Cette phrase est encore du prince de Ligne, et s'applique à la France et aux ministres de son temps.

—

— Je crains que mon conseil, monsieur, ne vous déplaise.
— Me déplaire ! un conseil ! conseillez à votre aise :
Ça fait tant de plaisir à donner, je le voi,
Et ça n'engage à rien celui qui le reçoit.

—

De l'esprit... pour parler, qui n'en a? c'est vulgaire !
Ce qu'il faut envier, c'est l'esprit pour se taire.

Dans une pauvre église, orateur trop austère,
Contre les passions calmez votre colère;
Qui?... nous... des passions?... Épargnez-vous ces soins :
Les pauvres, les petits n'ont rien que des besoins.

Quand on voyage, il ne faut peut-être voir ni les gens du monde ni les jardins, si l'on veut connaître les pays que l'on parcourt, mais le peuple et la campagne.

Entre les femmes, il n'y en a que quelques-unes qui sont belles ; mais presque toutes les autres sont femmes, et c'est déjà beaucoup.

IX

VANITÉ.

Un moribond demanda un prêtre.

— Mon père, lui dit-il, quand on doit se mettre en route pour le grand voyage, le mieux est, je pense, de ne pas partir trop chargé ; je voudrais que vous pussiez me débarrasser d'une partie de mon bagage qui m'inquiète ; j'ai fait des livres, mon père ; ne reculez pas d'horreur à ce mot...

— Je ne recule pas, mon fils, je me mouche.

— Ces livres, mon père, ont, je le crains, causé bien du mal ; pourrez-vous me donner l'absolution du crime que j'ai fait en les écrivant? D'abord, quelles sont les peines qu'encourent, dans l'autre vie, les auteurs de mauvais livres ?

— Je n'en sais pas si long, mon fils ; mais j'ai lu dans un casuiste que la peine ne dure que pendant le temps que le livre continue à faire du mal : — quand il s'arrête dans sa marche, quand son poison est affaibli, quand la curiosité est amortie, quand enfin on ne le lit plus... En outre, elle doit être proportionnée au mal produit, au triste succès qu'aura eu l'ouvrage condamnable, à sa propagation.

— Oh! mon père, alors je suis bien coupable; mes livres ont eu un immense succès, et ils ne le devaient pas à une mode, à un engouement éphémère ; on disait que le style et la forme l'emportaient encore sur le fond.

— C'est égal, mon fils, ne désespérez pas, tout cela n'a qu'un temps; le vent de l'oubli fait tomber ces feuilles, comme le vent du nord les feuilles des arbres.

— Vous ne savez pas, mon père, que le style rend les livres immortels, et je crains bien que le châtiment ne le soit aussi.

— Voyons, mon fils, dites-moi les titres de ces affreux ouvrages.

— Mon père, il y a un drame appelé ***, et un roman intitulé ***.

— Réjouissez-vous, mon fils, je n'en ai jamais entendu parler; l'œuvre coupable n'est pas aussi répandue que vous l'aviez craint.

— Oh! si, mon père, il y a eu trois éditions.

— C'est plus grave... Mais alors le nom d'un si grand pécheur a déjà dû me faire frémir.

— Mon nom n'est que trop connu, mon père.

— Avouez-le-moi; la honte que vous en éprouverez sera un commencement d'expiation.

— Je l'ose à peine.

— Du courage, mon fils.

— Mon père, vous ne serez pas effrayé de cette triste célébrité?...

— Mon fils, le repentir efface tout.

— Eh bien, je m'appelle... Vous n'allez pas fuir mon lit et m'abandonner?

— J'en suis incapable, et ce serait manquer à un de mes devoirs les plus sacrés.

— Eh bien, je m'appelle... Moi, qui ai été si fier de la renommée attachée à ce nom... aujourd'hui, j'ose à peine le prononcer.

— Il le faut, mon fils.

— Eh bien je m'appelle ***.

— C'est la première fois que ce nom frappe mon oreille.

— Quoi! vous n'avez jamais entendu parler de M***, l'auteur de... et de...?

— Jamais, mon fils.

— Vous vivez donc dans un désert?

— Non, mon fils, et, de plus, j'ai souvent à m'accuser d'un peu trop de curiosité et même d'intérêt à l'égard de la littérature mondaine. Rassurez-vous donc, mon cher fils; vous vous étiez exagéré le mal; votre nom et vos livres sont à peu près innocents...

— Quoi! après trois éditions, et les éloges qu'on en a fait dans les journaux? Ouvrez le tiroir, mon père, et vous verrez... J'ai gardé tous les articles.

— Peu importe, mon fils, vous pouvez vous en fier à moi; vous êtes assez heureux pour que votre nom et vos ouvrages n'aient fait que peu ou point de mal et soient restés dans le néant.

— Ah çà! mon père, êtes-vous venu ici pour me dire des choses désagréables?

— Moi, mon fils? Dieu m'en garde! je suis venu

pour soulager la conscience d'un pécheur et l'empêcher de douter de la miséricorde divine.

— Et vous prétendez que je n'ai ni réputation ni talent?

— Je ne dis pas cela, mon fils.

— A vous entendre, ce serait une mauvaise pièce que..., qui a eu trente-huit représentations, après trois desquelles on a demandé l'auteur.

— C'est possible...

— C'est sans doute aussi, selon vous, un livre médiocre que..., qui a eu trois éditions, et pour lequel on a mis, sur les murs de Paris, des affiches de six pieds de haut.

— Je ne dis pas le contraire.

— C'est-à-dire que, suivant vous, mes ouvrages sont restés chez le libraire ou sur le parapet des quais.

— Calmez-vous!

— Qu'ils n'ont servi qu'à envelopper les denrées de l'épicier.

— Soyez donc raisonnable.

— C'est vous qui êtes un ignorant et un illettré.
— Pierre, Marie, arrivez vite et renvoyez monsieur.

X

PIERRE, PAUL ET JEAN.

Il est une vieille plaisanterie un peu trop commode pour les coquins et pour les esprits systématiques; un peu trop dangereuse pour les naïfs et les esprits malléables.

Cette plaisanterie consiste à dire qu'il y a deux vérités, deux bons sens, deux morales; que la vérité, le bon sens et la morale qui s'appliquent aux petites choses et aux affaires privées, ne doivent pas être les mêmes pour les grosses choses et les affaires publiques.

Que ce qui serait pour un particulier une sotte manœuvre qui l'enverrait en deux ans à la prison pour dettes de Clichy, ou un acte déloyal qui lui attirerait le mépris public, ou un fait frauduleux qui le conduirait inévitablement à Mazas, à la Roquette, ou à Poissy, devient, quand il s'agit d'un homme public, d'un marchand, d'un homme politique, d'un économiste, d'un gouvernement ou d'une nation, quelque chose de très-ingénieux, de très-habile, de très-honnête.

Ainsi, pour aller du petit, non pas au grand, mais au gros et à l'énorme :

Le bourgeois qui donne de fausse monnaie à l'épicier qui lui donne de faux café, ira aux galères et sera déshonoré avec sa famille; tandis que celui-ci en sera quitte, et encore grâce à l'accroissement de sévérité que beaucoup attribuent à mon opiniâtreté, pour un peu de prison, quelque peu d'amende, et, dans les cas très-graves, une affiche sur la boutique, — laquelle durera ce que durent les affiches, surtout les affiches que quelqu'un est intéressé à arracher.

Pour le déshonneur, on n'en parle pas; on n'y est exposé que si on ne vend pas assez de ce faux café pour devenir riche.

Un particulier ne peut donner à tort sa parole d'honneur; un homme politique fait de faux serments tant qu'il en a besoin; un gouvernement, une nation rompent tous les engagements, et cela s'appelle de l'habileté.

J'en arrive à la prétendue protection dont, assure-t-on, les corps constitués de l'État vont s'occuper cette année.

Je commence par établir que le bon sens et la morale sont pour moi des règles qui peuvent servir pour mesurer tout ; que l'on peut mesurer un cèdre aussi bien qu'un rosier, le monde aussi bien que ma chambre, avec un mètre ; que, lorsque deux triangles ont deux angles égaux, qu'ils soient petits à ne les voir qu'avec une loupe, ou qu'ils s'étendent entre le soleil, la grande Ourse et Orion, ces deux triangles n'en sont pas moins également équiangles, ou isocèles ou rectangles, ou scalènes.

Le décilitre qui remplit un dé peut remplir la mer, à la condition d'être répété un suffisant nombre de fois

Le kilogramme, avec ses fractions et ses multiples, peut peser la lune aussi bien qu'un grain d'orge.

En un mot, il s'agit d'appliquer à la vérité comme à la morale l'unité des mesures, une sorte de système décimal métaphysique dont on se trouverait au moins aussi bien que de l'autre. Il s'agit de donner à chaque chose son vrai nom, et de lui imposer sa véritable étiquette.

Ceci posé, tout espoir étant ôté à de prétendus économistes de nous tromper avec des synonymes, nous entrons en matière.

Nous allons donc examiner la valeur économique du système appelé protecteur, en le transportant dans les conditions de la vie ordinaire.

Trois frères se sont partagé l'héritage de leur père.

Pierre a pour sa part la colline qui sépare deux vallons.

Paul a, derrière la colline, une terre forte et d'un brun rougeâtre, exposée au nord.

A Jean sont échus quatre ou cinq hectares d'un sol léger, sablonneux, altéré, qui s'étend au midi jusqu'à la colline de Pierre.

Ils ont, pendant quelque temps, conservé leurs propriétés comme ils les ont trouvées, c'est-à-dire telles que l'expérience de leur père ajoutée à celle de leur grand-père les avaient distribuées.

Au nord, c'est-à-dire chez Paul, étaient les poiriers, les pommiers, les pruniers, les groseilliers, quelques pièces de luzerne, de prés naturels, des betteraves, du blé. Paul nourrissait trois vaches et un cheval.

Pierre avait, sur la colline, de la vigne; en herbage, un peu de *fetuque ovine* de quoi contenter une douzaine de chèvres et quelques brebis.

Dans le terrain sablonneux exposé au midi, il y avait quelques serres, quelques châssis, des cloches. Jean y *faisait* des primeurs, y cultivait quelques pêchers, abricotiers et cerisiers en espalier, et des fleurs, et y élevait de la volaille.

Jean ajouta des fraises, après qu'il eut fait creuser un puits au pied de la côte.

Paul vendait du blé, du cidre et certains légumes à ses deux frères, qui, en échange, lui livraient leurs produits; tout allait le mieux du monde; les échanges faits, on portait le reste au marché.

Mais Paul épousa une femme âpre au gain, qui, un matin, dit à son mari :

— Ah çà ! tu viens de donner des betteraves et du

cidre à Jean et à Pierre contre du vin et des pommes de terre. Il aurait bien mieux valu porter nos betteraves et notre cidre au marché ; pourquoi ne cultiverais-tu pas toi-même de la vigne et des pommes de terre ?

— C'est juste, dit Paul.

Il planta de la vigne et des pommes de terre.

L'année d'après, il refusa de prendre à ses frères. et il ne voulut livrer ses betteraves et son cidre que contre de l'argent, et cela au prix du marché.

On discuta, on se querella. Pierre renonça de son côté à l'échange et planta des pommiers et des betteraves chez lui ; il acheta une vache et sema de l'herbe.

Jean continua ses cultures ordinaires, si ce n'est qu'il acheta une vache dont le fumier lui permit d'appesantir un peu quelques ares de son sol siliceux, et, là, il sema des betteraves.

La femme de Paul rencontra, un jour, au marché, la femme de Jean, qui portait, au mois de mars, de beaux bouquets de violettes et de jonquilles et des petits pois.

Elle rentra de mauvaise humeur et dit à son mari :

— Sais-tu que Jean gagne de l'or avec ses primeurs ; il faut que tu en fasses aussi.

— Je le veux bien, dit Paul, qui était amoureux de sa femme et naturellement faible.

Et Paul fit construire des serres, acheta des châssis et des cloches.

Mais tout cela coûte cher, et il fallut emprunter trois ou quatre mille francs sur la propriété.

La première année, les pommiers de Pierre et les vignes de Paul ne produisirent rien, non plus que les fraises de Jean. Il fallut que tout le monde s'imposât des privations. L'achat des plants, la main-d'œuvre, les fumiers avaient coûté assez cher. Paul n'acheta ni à Pierre le vin qu'il avait coutume de boire le dimanche, ni à Jean ses bonnes pommes de terre et ses primeurs. Jean n'acheta ni vin, ni cidre à ses deux frères. — Pierre se contenta également de ses propres produits. Puis, le terrain occupé par les nouvelles cultures ne rapportant rien, il fallut renoncer à donner aux femmes, à Pâques, un cotillon neuf et un bonnet à rubans, selon la coutume.

Les femmes se plaignirent, — celle de Paul aussi fort que les autres, quoique ce fût elle qui eût poussé son mari dans les cultures révolutionnaires et anarchiques.

Mais les maris dirent :

— Laissez faire et ayez patience.

Jean disait :

— J'espère que nous serons récompensés.

Paul :

— J'aurai des primeurs comme Jean, qui les vend si cher, et du vin comme Pierre, qui en tire un si bon parti.

Et Pierre :

— Nous aurons du lait, et du beurre, et du fromage, et du cidre aussi bien que Paul.

La seconde année, les pommiers commencèrent à donner sur la colline quelques petits fruits; les vignes dans la terre forte, au nord, produisirent beaucoup de pampres et quelques raisins sans goût; les serres et les bâches de Paul produisirent tard quelques légumes sans saveur, lorsqu'il y avait déjà un mois que Jean en portait au marché. Pour celui-ci, ses fraises donnèrent une abondante et fructueuse récolte, et ses betteraves ne produisirent que de chétives racines.

Trois années se passèrent.

Paul n'avait réussi à rien : il avait, pour planter de la vigne, des pommes de terre et des fraises, défoncé sa luzerne et une partie de son pré, et diminué ses cultures de betteraves ; il fallut vendre deux des vaches, qu'on ne pouvait plus nourrir ; il récoltait des pommes de terre aqueuses, malades surtout par les mauvaises conditions du terrain, et aussi parce qu'elles étaient tardives, tandis que Jean, les plantant de bonne heure, évitait en grande partie la maladie.

Le soleil n'échauffant pas les serres, il fallut les chauffer artificiellement, installer des appareils, etc., et emprunter encore de l'argent.

Les trois ménages donc vivaient dans les privations, mais étaient soutenus par l'espérance.

Un soir, Jean et Pierre devisaient ensemble. Paul était devenu chagrin, envieux, hargneux, et ne voulait plus voir ses frères.

— Je suis triste, dit Pierre, de voir ma femme

n'être plus brave et bien attifée comme autrefois, et mes enfants manger, le matin, du pain sec.

— Je suis triste aussi, dit Jean, parce que j'ai le même spectacle sous les yeux. Mais j'ai la conscience que cela ne durera pas, et que le présent et l'avenir de ma famille y auront gagné.

— Encore un an de patience et nous verrons où nous en sommes.

— Que dit Paul?

— Paul est sombre et triste; quand on lui parle de ses affaires, il dit qu'il a ses idées et son système.

L'année s'écoule.

Jean invite ses frères à dîner, en pique-nique, que chacun apporte de ses produits.

Pierre apporte trois bouteilles de son vin le meilleur et un quartier d'agneau.

Paul, également, quelques bouteilles de son cru.

Jean s'est chargé du reste.

On s'embrasse; les femmes ne sont guère parées, tout le monde a souffert depuis quatre ans; — mais la bonne chère et le vin de Pierre ont bien vite ramené la cordialité et l'expansion. Puis on cause.

JEAN.

Mes chers frères, dans l'intérêt surtout de nos enfants, et aussi parce qu'il faut laisser, sur la terre que l'on a reçue en héritage, des traces honorables de son passage et de sa vie, nous avons fait une épreuve qui nous a, pendant ces quatre dernières années, condamnés aux privations et à un rude travail. Je considère l'épreuve comme terminée.

PIERRE.

Moi aussi. Les pommiers, décidément, ne se plaisent pas dans le terrain pierreux de la colline; le cidre me coûte trop cher, je vais brûler les pommiers, et replanter des vignes ; je vendrai mon vin, et la moitié du prix suffira pour acheter du cidre. Il en est de même des betteraves. Pour ce qui est de la vache, n'ayant pas de quoi la nourrir, je reviens à mes chèvres et à mes moutons.

JEAN.

J'ai fait une bonne acquisition en essayant la culture des fraises ; j'ai fait un essai infructueux pour les betteraves et pour la vache; l'herbe qui vient chez moi me coûte trop cher; avec un are de rosiers et trois ares de pois de primeur, je payerai la récolte d'un hectare de foin et d'un demi-hectare de betteraves; je laboure le foin. Et toi, Paul?

PAUL.

Moi, je n'ai pas achevé mon épreuve: pourquoi n'aurais-je pas de la vigne comme Pierre, et des haricots de primeur comme Jean?

JEAN.

Parce que ton terrain et ton exposition s'y refusent, mais, en revanche, sont propres à produire ce qui ne vient ni sur la côte pierreuse de notre frère, ni dans mon sable altéré.

PAUL.

Erreur! si nous avions retardé ce dîner seulement de quinze jours, je vous aurais fait manger de mes petits pois et de mes fraises.

JEAN.

Oui; mais, moi, je vous en fais manger aujourd'hui. Aujourd'hui, les pois valent dix francs le litre, et les fraises dix sous la pièce. Dans quinze jours, les fraises vaudront un sou, et les pois deux francs. De plus, calcule ce que les unes et les autres te coûtent. Tandis que, si tu cultives ce que ton terrain produit avec avantage, comme je ne puis avoir de betteraves, ni de lait, ni de beurre, comme Jean ne peut avoir de cidre, nous serons bien forcés de te donner, lui, son vin, moi, mes pommes de terre et mes primeurs.

PAUL.

Non ; je veux manger des primeurs de ma terre, quand je devrais les manger six mois après toi, quand je devrais les payer six fois ce que tu me les vendrais. Je veux boire du vin de mon cru, fût-il âpre à faire danser les chèvres, et me revînt-il à douze francs la bouteille. Je veux récolter des pommes de terre, quand elles devraient empoisonner ma famille et moi. Je veux...

PIERRE.

C'est-à-dire que tu veux vivre dans la misère, toi et les tiens, voir tes enfants maigres et hâves, ta femme déguenillée.

Pierre se leva, prit un bâton, battit ses frères, emmena sa femme et ses enfants, qui n'avaient pas fini de souper, et les battit à la maison; puis finit par réussir à avoir, un jour, des radis roses en même temps que son frère; mais ils lui coûtaient un franc la pièce.

Si bien que le...

Mais cela est si simple, que ça paraît bête.

Eh bien, le système protecteur, c'est le système de Pierre.

Rien de si raisonnable pour un pays que d'essayer de s'approprier une culture, une industrie qui enrichit un autre pays, de faire de grands sacrifices pour y parvenir, de grever les produits analogues de l'autre pays de droits qui permettent de vendre les premiers essais au même prix; — cela est, en effet, une protection pour une industrie naissante qui n'a encore ni l'habileté, ni les matériaux, ni les outils.

Mais ces droits doivent être décroissants; on doit d'avance fixer une limite à laquelle l'épreuve sera déclarée définitivement faite.

Ainsi, par exemple, les bestiaux étrangers sont moins chers que les bestiaux élevés en France.

Il y a deux partis à prendre :

Si vous ne pouvez pas produire la viande au même prix, renoncez à produire la viande; faites des cultures, pratiquez des industries dont vous donnerez les produits en échange de la viande étrangère.

Mais la France est un pays agricole ; il est de son intérêt physique et moral de perfectionner son agriculture; essayons donc, faisons des sacrifices, appliquons de nouvelles méthodes; ne laissons pas entrer les bestiaux étrangers, ou du moins grevons-les d'un droit qui les rende plus chers que les nôtres.

Très-bien.

Et cela pendant combien de temps?

— Comment? que dites-vous?

— Je demande si cela durera un an, dix ans, vingt ans, cent ans; — tous ces termes peuvent s'admettre, quoique le dernier soit long, — mais enfin, on aura conquis pour le pays une industrie et des ressources.

— Non, cela durera toujours.

C'est-à-dire que l'on assurera la fortune de quelques-uns au moyen de la misère de presque tous;

c'est-à-dire qu'il n'y a pas besoin de chercher des progrès, des améliorations ; c'est-à-dire que l'on protégera à la fois la routine, l'avidité, la paresse et la faim.

XI

LETTRE
A ALPHONSE KARR, JARDINIER

Esprit de bonne humeur et gaîté sans malice,
Qui, même en le grondant, badine avec le vice,
Et qui, levant la main sans frapper jusqu'aux pleurs,
Ne fustige les sots qu'avec un fouet de fleurs !
Nice t'a donc prêté le bord de ses corniches
Pour te faire au soleil le nid d'algue où tu niches ;
C'est donc là que se mêle, au bruit des flots dormants,
Le bruit rêveur et gai de tes gazouillements !

Oh ! que ne puis-je, hélas ! de plus près les entendre !
Oh ! que la liberté lente se fait attendre !
Quand pourrai-je, à ce monde ayant payé rançon,
Suspendre, comme toi, ma veste à ton buisson,
Et, déchaussant mes pieds saignant de dards sans nombre,
Te dire en t'embrassant : « Ami, vite, un peu d'ombre !
Nous avons trop hâlé notre front et nos mains
Aux soleils, au roulis des océans humains ;

Échappés tous les deux d'un naufrage semblable,
Faisons-nous sur la plage un oreiller de sable,
Et qu'insensiblement, flot à flot, pli à pli,
La marée en montant nous submerge d'oubli ! »

Il faut à tout beau soir son jardin des Olives !

N'est-il pas, sur le bord du champ que tu cultives
Parmi les citronniers, les cyprès et les buis,
Un maigre champ portant sa maison et son puits ?
Le figuier, tronc qui vit et qui meurt avec l'homme,
N'y fait-il pas briller sa figue en pleurs de gomme ?
N'y pend-il pas aux murs ses rameaux tortueux
Comme pour subsister ou crouler avec eux ?
Vingt ou trente oliviers, à l'ombre diaphane,
N'y sont-ils pas penchés par la corde de l'âne ?
Sur l'écorce en lambeaux de leurs troncs écaillés
N'y voit-on pas courir les lézards éveillés ?
N'entend-on pas, au creux du sillon qui la brûle,
La cigale aux cents voix chanter la canicule ?
Dans le ravin plus vert, sous l'ombre du coteau,
N'y voit-on pas filtrer goutte à goutte un peu d'eau,
Où, pourvu que le ciel avare un jour y pleuve,
Altéré par ses chants ton rossignol s'abreuve ?
N'y voit-on pas, du seuil, luire, entre les rochers,
La plaine aux bleus sillons que fendent les nochers,
Où la vague à la vague, en jetant son écume,
Passe dans la lumière et se perd dans la brume ?
N'en respire-t-on pas, jusque sur la hauteur,
Comme d'un foin fauché l'enivrante senteur ?

Le choc de ses flots lourds, quand l'autan les soulève,
N'y fait-il pas voguer, rouler, trembler en rêve ?
Le terrible infini qu'on voit à l'horizon
N'y refoule-t-il pas le cœur à la maison ?
N'y bénit-on pas Dieu de cet arpent de terre
Où l'on repose en paix sous l'arbre sédentaire,
Où l'on s'éveille au moins comme on s'est endormi,
Sur cette fourmilière où l'homme est la fourmi ?

Enfin, autour du seuil de la hutte cachée,
Ne voit-on pas toujours la terre frais bêchée,
Verdoyer du duvet des semis printaniers
Dont les cœurs de laitue enfleront les paniers ?
La bêche au fil tranchant que le gazon essuie,
L'arrosoir au long cou qui simule la pluie,
L'échelle qui se dresse aux espaliers des toits,
La serpette qui tond, comme un troupeau, le bois,
Le long râteau qui peigne et qui grossit en gerbes,
Quand la faux a passé, les verts cheveux des herbes ;
Outils selon la plante et selon la saison,
N'y sont-ils pas pendus aux clous sur la cloison ?

S'il est près de la mer une telle colline,
Ami ! pour mon hiver retiens la plus voisine.

On dit que, d'écrivain, tu t'es fait jardinier ;
Que ton âne au marché porte un double panier ;
Qu'en un carré de fleurs ta vie a jeté l'ancre
Et que tu vis de thym au lieu de vivre d'encre ?
On dit que d'Albion la vierge au front vermeil,
Qui vient comme à Baïa fleurir à ton soleil,

Achetant tes primeurs de la rosée écloses,
Trouve plus de velours et d'haleine à tes roses !
Je le crois ; dans le miel plante et goût ne sont qu'un :
L'esprit du jardinier parfume le parfum !

Est-on déshonoré du métier qu'on exerce ?
Abdolonyme roi fit ce riant commerce.
Tout homme avec fierté peut vendre sa sueur !
Je vends ma grappe en fruit, comme tu vends ta fleur ;
Heureux quand son nectar, sous mon pied qui la foule,
Dans mes tonneaux nombreux en ruisseaux d'ambre coule,
Produisant à son maître, ivre de sa cherté,
Beaucoup d'or pour payer un peu de liberté !
Le sort nous a réduits à compter nos salaires,
Toi, des jours, moi, des nuits, tous les deux mercenaires ;
Mais le pain bien gagné craque mieux sous la dent :
Gloire à qui mange libre un sel indépendant !

La fortune, semblable à la servante agile
Qui tire l'eau du puits pour sa cruche d'argile,
Élevant le seau double au chanvre suspendu,
Le laisse retomber quand il est répandu ;
Ainsi, pour donner l'âme à des foules avides,
Elle nous monta pleins et nous descendit vides.
Ne nous en plaignons pas, elle est esclave, et fait
Le ménage divin de son maître parfait ;
Bénissons-la plutôt, retombés dans la vase,
De n'avoir pas brisé tout entier l'humble vase,
D'avoir bu dans l'écuelle et de nous avoir pris
Tantôt pour le pouvoir, tantôt pour le mépris.

L'un et l'autre sont bons, pourvu qu'on y respecte
Le rôle de l'étoile ou celui de l'insecte;
L'homme n'a de valeur qu'à son jour, à son lieu,
Brin de fil enchassé dans la toile de Dieu!...

Te souviens-tu du temps où tes *Guêpes* caustiques,
Abeilles bien plutôt des collines attiques,
De l'Hymette embaumé venaient, chaque saison,
Pétrir d'un suc d'esprit le miel de la raison?
Ce miel, assaisonné du bon sens de la Grèce,
Ne cherchait le piquant qu'à travers la justesse.
Aristophane ou Sterne en eût été jaloux;
On y sentait leur sel, mais le tien est plus doux.
Ces insectes, volant en essaim d'étincelles,
Cachaient leur aiguillon sous l'éclair de leurs ailes;
A leur bourdonnement on souriait plutôt;
La grâce comme une huile y guérissait le mot!

C'était aussi le temps, où ces jouets de l'âme,
Tes romans, s'effeuillaient sur des genoux de femme,
Et laissaient à leurs sens, ivres du titre seul,
L'indélébile odeur de la fleur du *Tilleul!*

Enfin te souviens-tu de ces jours où l'orage
A la hauteur du flux fit monter ton courage,
Prompt à tout, prêt à tout, à la mort, à l'exil,
Quand il fallait conduire un peuple avec un fil,
Et que tu traversais la grande olympiade,
Aristippe masqué du front d'Alcibiade?
As-tu donc oublié comme au fort du péril
Ton cœur en éclatant répondait au fusil?

Ah! je m'en souviens, moi! je crois te voir encore
A l'heure où sur Paris montait la rouge aurore,
Quand ma lampe jetait la dernière lueur,
Et qu'un bain de ma veille étanchait la sueur;
Tu t'asseyais tranquille au bord de ma baignoire,
Le front pâle et pourtant illuminé d'histoire;
Tu me parlais de Rome, un Tacite à la main,
Des victoires d'hier, des dangers de demain,
Des citoyens tremblants, de l'aube prête à naître,
Des excès, des dégoûts et de la soif d'un maître,
Du défilé terrible à passer sans clarté,
Pont sur le feu qui mène au ciel de Liberté!
Tu regardais la peur en face, en homme libre,
Et ta haute raison rendait plus d'équilibre
A mon esprit frappé de tes grands à-propos
Que le bain n'en rendait à mes membres dispos!
J'appris à t'estimer, non au vain poids d'un livre,
Mais au poids d'un grand cœur qui sait mourir ou vivre.

Ils sont passés, ces jours dont tu dois être fier;
C'était un autre siècle, et pourtant c'est hier!
Les regretterais-tu? Pour bêcher plus à l'aise,
Il fait bien moins de vent au pied de la falaise;
Heureux qui du gros temps, où sombra son bateau,
A sauvé comme toi sa bêche et son râteau!
Quand l'homme se resserre à sa juste mesure,
Un coin d'ombre pour lui, c'est toute la nature;
L'orateur du forum, le poëte badin,
Horace et Cicéron, qu'aimaient-ils? Un jardin :

L'un son Tibur trempé des grottes de Neptune,
L'autre son Tusculum plein d'échos de tribune.
Un jardin qu'en cent pas l'homme peut parcourir,
Va! c'est assez pour vivre et même pour mourir!

J'ai toujours envié la mort de ce grand homme,
Esprit athénien dans un consul de Rome,
Doué de tous les dons parfaits quoique divers,
Fulminant dans sa prose et rêveur dans ses vers,
Cicéron, en un mot, âme encyclopédique,
Digne de gouverner la saine république,
Si Rome, riche en maître et pauvre en citoyen,
Avait pu supporter l'œil d'un homme de bien!
Peut-être, sous César, trop souple au diadème,
Mais par pitié pour Rome et non pas pour lui-même.

Quand sous le fer trompé César fut abattu,
Antoine eut peur en lui d'un reste de vertu;
Fulvie aux triumvirs mendia cette tête;
Octave marchanda; Lépide, un jour de fête,
Ne pouvait refuser ce bouquet au festin;
La courtisane obtint ce plaisir clandestin,
La meute des soldats qu'un délateur assiste,
Sortit de Rome en arme et courut sur la piste.

Cicéron, cependant, par ce divin effroi
Qui glace la vertu lorsque le vice est roi,
De Rome avant l'arrêt, l'âme déjà bannie,
Parcourait en proscrit sa chère Campanie,
Tantôt quittant la plage et se fiant aux flots,
Tantôt montrant du geste une île aux matelots;

Enfin, las de trembler de retraite en retraite,
Il se fit débarquer dans ses bains de Gaëte,
Délicieux jardins bordés de mers d'azur
Où le soleil reluit sur le cap blanc d'Anxur,
Où les flots s'engouffrant dans ces grottes factices,
Lavaient la mosaïque et, par les interstices,
Laissant entrer le jour flottant dans le bassin,
Des rayons sur les murs faisaient trembler l'essaim.
Mais des soldats rôdeurs les pas sourds retentirent ;
Par leurs gazouillements ses oiseaux l'avertirent,
Quelques reflets de hache avaient dû les frapper ;
Remontant en litière, il tenta d'échapper.
Il descendait déjà le sentier du rivage
Où sa galère à sec s'amarrait à la plage,
Quand on lui demanda sa tête ! « La voilà ! »
Il tendit son cou maigre au glaive ; elle roula.
Le jardin qu'il aimait but le sang de son maître...

De son bouquet sanglant ardente à se repaître,
Fulvie en recevant la tête dans son sein,
Passa sa bague au doigt du tribun assassin,
Puis, dans l'organe mort, pour punir la harangue,
De son épingle d'or elle perça la langue,
Et sur les rostres sourds fit clouer les deux mains
Qui répandaient le geste et le verbe aux Romains.

Ainsi mourut au site où se plaisait sa vie,
La gloire des Romains, l'ennemi de Fulvie.
Son beau cap, ses jardins, sa mer, ses bois, ses cieux,
Lui prêtèrent la place et l'heure des adieux ;

Ses oiseaux familiers voletant dans la nue
Lui chantèrent au ciel sa libre bienvenue !
Le sort garde-t-il mieux à ses grands favoris ?
Qui ne voudrait trembler et mourir à ce prix,
Léguant, comme ce sage, au sortir de la vie,
Son âme à l'univers et sa tête à Fulvie ?

Il n'est plus de Fulvie et plus de Cicéron ;
Notre Fulvie à nous, c'est quelque amer Fréron
Dont la haine terrestre au feu du ciel s'allume,
Et qui nous percera la langue avec sa plume.

LAMARTINE.

XII

RÉPONSE AU SIEUR VEUILLOT.

Il y a quelque temps, Lamartine voulut bien m'octroyer des lettres de noblesse en m'adressant les vers qui précèdent, où il me donne une petite place à côté de lui, à cette grande époque de sa vie et de notre histoire où il eut le bonheur « de faire des choses si dignes d'être écrites, après avoir écrit tant de choses dignes d'être lues. » M. Veuillot, qui croit vainement se donner ce qu'il essaye d'enlever aux autres, a pensé que cette lettre d'un grand homme à un brave homme devait chagriner un certain nombre de gens, et il a songé à donner les étrennes aux envieux et aux impuissants qui aiment et attendent la manne périodique de sa parole.

C'est ainsi qu'a paru, dans *l'Univers* du 1ᵉʳ janvier 1858, un article sur Lamartine qui a semblé grossier même dans ce journal.

Ces étrennes ont été reçues avec plaisir ; un ami qui voulait m'envoyer l'article n'a pu se le procurer qu'après quelques jours de recherches, et le numéro était tout frippé, tant on l'avait lu avant de s'en dessaisir, — tant les cailloux aiment qu'on leur montre des défauts aux diamants, — parce qu'ils ne comprennent pas, heureux cailloux qu'ils sont, combien un diamant avec des défauts est au-dessus des cailloux même sans défaut.

M. Veuillot s'est acquis, dans l'art de l'injure, une sorte de notoriété qu'il se plaît à prendre pour une réputation, de même qu'il se flatte d'insulter, quand depuis longtemps déjà il ne fait qu'injurier.

Il est en France une sottise assez nouvellement

née, qui n'est pas sans inconvénient : elle consiste à attribuer, au hasard, de grandes qualités aux gens qui se font remarquer par quelque énormité; cela donne à la sottise un air de juger de haut qui lui est particulièrement agréable. C'est ainsi que nous l'avons vue tour à tour, de ce temps-ci, appeler madame Lafarge « une femme supérieure; » Lacenaire, « un charmant poëte; » et M. Veuillot, « un fort polémiste. »

Voici ce qu'est M. Veuillot :

On voit quelquefois un jeune homme, désireux « d'embrasser le métier des armes, » passer en revue les divers régiments de l'armée : le lancier a un uniforme svelte et galant; le hussard prête à la romance; le cuirassier est bien beau au soleil avec son casque et sa cuirasse brillante.

— Mais cet éclat plaît aux autres comme à moi; beaucoup d'autres jeunes gens qui ont autant d'instruction et d'aptitude que moi, se sont nécessairement mis dans ces régiments. Je n'y aurai pas d'avancement, j'y serai confondu et perdu. Faisons mieux, entrons dans un régiment dont l'uniforme soit sans éclat, sans élégance ; entrons dans un vilain régiment, j'y serai bientôt officier.

C'est l'histoire de M. Veuillot ; il a d'abord essayé de se mettre dans les rangs littéraires ; mais ses facultés de troisième ordre l'y auraient laissé dans la foule ; il a quitté l'armée du progrès et s'est engagé dans l'armée de la réaction et de l'obscurantisme.

Là encore, il a trouvé un certain nombre d'hommes de talent ; il n'aurait pu devenir qu'officier subalterne ; il a pensé que, pour être colonel, il lui fallait lever un régiment, il a créé *l'Univers*.

L'Univers est une petite Église, catholique peut-être, mais très-certainement non chrétienne, où l'on a remplacé sur l'autel l'agneau de l'Évangile par le tigre de l'inquisition, et l'amour de Dieu par la haine du prochain ; où l'on essaye de faire prendre pour l'accomplissement d'un devoir la nécessité de répandre un fiel qui étouffe, où l'on communie sous les espèces de la calomnie et de l'injure, et où l'on fait semblant de vouloir s'élever aux choses divines en agitant de sordides petites ailes de chauve-souris.

C'est dans cette petite église que M. Veuillot pratique l'innovation d'introduire l'*engueulement* dans l'éloquence sacrée, de jucher Vadé dans la chaire de Bossuet, et de prêcher, non pas le catéchisme du diocèse, mais le catéchisme poissard.

C'est autour de la chaire de ce père Duchêne catholique que se pressent tous ceux que le talent blesse et que la magnanimité offense; tous ceux qui ont instinctivement la haine des colonnes et des statues ; tous ceux qui, avec la cruauté si naturelle aux petites âmes, ne voient dans la religion qu'un prétexte accepté d'injurier, de calomnier, de maudire, d'excommunier, faute de pouvoir torturer et brûler; en un mot, la horde des faux fanatiques, c'est-à-dire des fanatiques moins la foi et le courage ; ce qui est moins dangereux mais plus laid que le fanatisme.

Il s'agissait de donner des étrennes, des pralines au fiel, des injures glacées, à ses fidèles auditeurs ; M. Veuillot est monté en chaire, et, avec son audace sacrilége, il a dit :

— Aujourd'hui, mes frères, nous allons engueuler M. de Lamartine.

Et les assistants ont fait respectueusement silence;

on aurait entendu voler la plus lâche calomnie ; puis la chose finie, ils se sont signés en disant :

— Le saint homme !

Et le saint homme a aspergé l'assistance de son goupillon trempé quelquefois dans le vitriol ; mais, pour cette occasion, n'ayant pas de vitriol, il s'est contenté d'une eau sans préparation, la première venue, l'eau du ruisseau.

Ici, malgré le succès qu'a eu la prédication, il faut reconnaître que M. Veuillot a manqué d'esprit ; il avait un sermon tout fait, comme on a une escopette toute chargée ; mais, soit qu'il ait exagéré la charge, et que l'escopette lui ait crevé entre les mains, soit qu'il ait mal choisi son plomb, et que le coup, *telum imbelle sine ictu,* n'ait pas porté et ait rebondi, Lamartine n'a pas été atteint, et, s'il y a quelqu'un de touché, c'est M. Veuillot, qui, depuis longtemps déjà, ne peut plus faire de mal qu'à son parti et à sa cause.

Un magistrat qui voulait exprimer d'une façon saisissante à quel degré de honteuse absurdité pouvait descendre la justice à ces époques déplorables et heureusement rares dans notre histoire où elle est sans force et ne fait plus qu'obéir à une tyrannie victorieuse, ce magistrat disait : « Si l'on m'accusait d'avoir volé les tours de Notre-Dame, je commencerais par prendre la fuite. »

Cette formule, devenue proverbiale, n'est pas plus absurde que l'accusation portée contre Lamartine d'aimer l'argent, de flatter une populace et aduler un parti puissant (*textuel*). Je ne crois pas que jamais un homme ait une occasion plus éclatante de donner par avance un démenti à cette accusation et de la rendre ridicule.

Quand j'évalue à trente-trois millions les ingrats qu'a faits Lamartine, c'est que je compte en compte rond ; et j'ai beaucoup de raisons de penser qu'il y a un certain nombre de gens qui n'ont pas tout à fait oublié ce qui s'est passé à Paris en 1848. Ceux-là se rappellent sans doute qu'un homme s'est trouvé, dont la parole puissante, convaincue, élevée, a tenu enchaîné un million d'hommes qui n'avaient plus d'autre loi, d'autre frein que cette parole. Et cet homme n'était pas M. Veuillot. On n'a pas oublié ce jour mémorable où sur la place de l'Hôtel-de-Ville, pavée de têtes, Lamartine seul s'opposait au vœu exprimé par un bruit semblable à la voix de la mer, s'opposait à l'adoption du drapeau rouge. Ce jour-là, il y avait un peu de « populace » parmi le peuple. Quelques-uns de ceux qui étaient loin, de ceux qui étaient mal placés, qui n'entendaient pas bien, criaient : « Plus haut ! » et le menaçaient avec des armes autrement meurtrières que celle de M. Veuillot. Alors Lamartine, calme, et ne trouvant dans le danger que de l'énergie, domina cette grande voix de sa voix, et fit adopter le drapeau tricolore de la première république. L'effet de cette parole fut si puissant, que, par des effluves magnétiques, elle vainquit même ceux qui n'entendaient pas, tant ceux qui entendaient étaient contagieusement convaincus, entraînés, subjugués ; et le flot s'éleva en sens contraire.

Alors se réalisa cette image du poëte :

« A l'aspect de cet homme, le peuple se tait et écoute. »

Conspexere, silent, arrectisque auribus adstant.

« L'ardeur impérieuse d'un peuple qui se trompe n'émeut pas son esprit. »

> *Non civium ardor prava jubentium*
> *Mente quatit.*

C'est cet homme-là qu'on accuse d'avoir *flatté une populace et adulé un parti puissant.*

Vraiment, il serait moins bête et plus gai de l'accuser d'avoir volé les tours de Notre-Dame.

Je serais honteux pour la France d'avoir à parler de l'autre accusation, « l'amour de l'argent. » A cette même époque, je ne sais pas bien quelles limites on pourrait assigner au pouvoir de Lamartine; je fixerais encore moins de limites à ce qu'il aurait pu être. — Je ne citerai qu'un fait, parce qu'il est pittoresque. — Je me rappelle qu'un de ces jours-là, quelque domestique de la maison de Lamartine vint lui demander devant moi cent cinquante francs pour quelque nécessité de la maison. Lamartine ne les avait pas.

Il est sorti ruiné du pouvoir absolu, et il s'est remis à gagner sa vie en écrivant. Je voudrais bien qu'on m'expliquât en quoi cela diffère de ces consuls romains que l'on nous a tant fait admirer en thème, qui retournaient à la charrue à l'expiration de leur magistrature ?

Ce n'est pas à M. Veuillot que je m'adresse; je sais la taille et la valeur de M. Veuillot, et je me préoccupe peu de lui. Je n'espère pas convertir M. Veuillot; il a eu, comme journaliste, quelque succès dans un cercle d'envieux et d'impuissants. M. Veuillot ne réussit que contre le talent, contre la probité, contre la raison ; on ne peut attendre de lui qu'il renonce au petit, mais au seul métier qu'il est capable de faire, lui qui ne voudrait être ni vigneron ni jardinier. Quand on ne peut corriger certaines gens de mal faire, il faut corriger les autres de leur patience. Tacite a dit : « Peu de gens osent le crime, plusieurs le désirent, tous le souffrent. »

Je déclare hautement que c'est une honte publique, pour la France, que l'article de M. Veuillot n'ait soulevé que quelques indignations isolées.

Vous à qui je m'adresse, vous avez tous un but dans la vie; vous voulez obtenir, les uns de la gloire, les autres de la considération et de l'estime. Eh bien, si vous permettez qu'on jette de la boue si haut que cela, où comptez-vous vous placer pour être à l'abri ?

Je le répète, ce n'est pas contre M. Veuillot que je m'indigne : le pauvre homme obéit à ses instincts, et on ne prend pas au sérieux la plume de corbeau qu'il appelle, comme Cyrano de Bergerac appelait son épée, *la victorieuse, la massacroire;* M. Veuillot, d'ailleurs, dans son épanchement de bile, s'est laissé aller à confesser humblement, tout haut cette fois, le nom de sa muse. « J'avoue que je suis bien ennuyé et bien humilié de voir tant de détails sur mes illustres contemporains *(textuel).* »

La muse de M. Veuillot s'appelle l'Envie.

Cela se comprend : c'est bien ennuyeux de voir des contemporains illustres quand on a fait tant de vilaines choses pour devenir à peine fameux. Il serait doux de se persuader et de faire croire aux autres qu'il n'y a, en ce temps-ci, personne de plus grand que M. Veuillot ; que le siècle ne produit pas mieux. Plus Procuste est petit, plus il a besoin de maltraiter ceux qu'il étend sur son lit. Mon Dieu ! mon pauvre monsieur Veuillot, je pourrais bien aussi donner des détails sur vous : j'ai connu Ourliac, que vous aviez enrôlé dans le vilain régiment en lui promettant de l'avancement, et qui en est mort à peu près fou et tout à fait désespéré ; il en racontait d'assez curieux, d'assez édifiants. Mais, malheureusement, cela n'intéressait personne ; d'où votre colère, *indè iræ*.

Une chose bien heureuse pour vous, monsieur Veuillot, c'est votre impuissance ; car, ne vous y trompez pas, on vous écoute comme on regarde un saltimbanque avaler de l'étoupe et escamoter des muscades ; mais cela ne donne pas d'estime pour vous et n'en enlève pas à ceux que vous attaquez. Mais, si vous réussissiez à abaisser les sommets que vous essayez de miner, qu'arriverait-il de vous ?

Il est probable que vous vous supposez une place quelconque dans la hiérarchie littéraire. En laissant Lamartine sur la cime et en serrant les bâtons de l'échelle, il se trouvera sur ladite échelle un échelon pour vous jucher, pas bien haut, sans doute, mais il s'en trouvera un.

Tandis que, si vous étiez venu à bout de tirer Lamartine par les pieds, cela ne changerait pas la distance qu'il y a entre vous et lui ; — et alors, Lamartine abaissé, pourriez-vous calculer à combien de kilomètres vous vous trouveriez personnellement au-dessous du niveau du ruisseau?

P.-S. J'allais oublier que quelques-uns de mes amis m'ont écrit que j'avais à répondre pour mon compte à M. Veuillot.

Pourquoi faire?

Je ne me sens pas blessé ; en ce moment, j'aurais plutôt à refréner mon orgueil qu'à venger mon amour-propre.

Soyons de bonne foi et pesons les choses :

Dans un plateau de la balance, l'amitié et l'estime de Lamartine; dans l'autre, la haine et les injures de M. Veuillot.

Vraiment, on peut ajouter encore beaucoup au second plateau.

Mettez-y la bienveillance de ceux qui, voulant citer les vers de Lamartine, ont élagué avec soin ceux où il est question de moi.

Mettez-y la petite satisfaction de quelques autres et

leur grande admiration pour l'article de M. Veuillot, « ce grand polémiste. »

Allez toujours, ne vous gênez pas. Le plateau de Lamartine l'emporte encore.

Maintenant, disent mes amis, M. Veuillot vous a traduit à la barre de l'opinion publique; vous êtes accusé.

Ah çà! mes chers amis, supposons un moment que quelque ami... véritable eût voulu me ménager un triomphe en cherchant de quoi au monde il serait le plus ridicule de m'accuser, je défie qu'on trouve quelque chose de plus complet que l'accusation de M. Veuillot : je me suis fait jardinier par amour de l'argent!

Moi qui ai passé toute ma vie à la campagne, quelquefois à trois cents lieues, et toujours au moins à soixante lieues de mes affaires; moi qui ne fais pas partie de la Société des gens de lettres et n'ai jamais touché un sou de la reproduction de mes ouvrages; moi qui n'ai pas voulu, pendant douze ans que j'ai fait *les Guêpes*, accepter, pour y ajouter quelques pages d'annonces, plus d'argent que je n'en ai jamais gagné ; moi qui ai eu deux ou trois amis ministres sous Louis-Philippe, sans parler de Lamartine et de Cavaignac après 48, et qui n'ai jamais été même garde champêtre; moi qui compte dans mes camarades les plus célèbres financiers de ce temps-ci, et n'ai jamais fait une affaire !

Si j'aimais l'argent... si j'aimais l'argent, je ferais le métier de M. Veuillot; et c'est, au contraire, par dégoût d'un métier auquel le vulgaire donne le même nom qu'à celui de M. Veuillot, que je me suis fait jardinier.

C'est aussi précisément pour ne pas être « aux ordres d'un libraire, » et pour n'écrire qu'à mes heures et ne parler que quand j'ai quelque chose à dire, que j'ai cherché des ressources dans le travail de mes mains.

Si l'article de M. Veuillot ne m'était pas tout à fait indifférent, il m'aurait fait plaisir; il est très-honorable d'être à côté de Lamartine, même dans la haine de M. Veuillot; — et j'ai besoin de me rappeler que la louange de M. Veuillot n'a pas plus de valeur que ses injures, pour ne pas me sentir heureux qu'on ait imprimé, en parlant de Lamartine et de moi : « Les deux Alphonse ! »

Je vais tailler mes rosiers.

XIII

DEUX MALHEURS ARRIVÉS A LA JUSTICE.

Il vient d'arriver deux malheurs à la justice, — j'entends à la justice représentée par des hommes.

Je ne parle pas d'une injustice; car alors je n'appellerais pas cela deux malheurs, j'appellerais cela deux crimes; l'injustice de la justice étant le plus grand crime social qui se puisse commettre.

Lycurgue, dit-on, avait refusé de supposer et de prévoir le parricide.

Il me serait doux également de ne pas croire aux juges prévaricateurs ou complaisants; car, moi qui suis, comme on sait, un homme doux et débonnaire, je n'ai jamais pu trouver excessive l'idée qu'eut je ne sais quel Cambyse de faire tanner et clouer sur son siége la peau d'un juge prévaricateur.

Il s'agit donc d'une double erreur, non pas de la justice, mais de certains juges : — la première, triste, déplorable, involontaire, irréparable ; — la seconde, volontaire et ayant pour but de faire attribuer à la justice, qui est divine, ce qui n'appartient qu'aux juges, qui sont des hommes.

J'ai publié autrefois dans un livre dédié à Eugène Cavaignac, en 1852, une étude et des réflexions sur le procès de Lesurques ; je prie mes lecteurs de vouloir bien relire ces réflexions, auxquelles il n'a jamais été fait d'objections ayant le sens commun, mais qui, jusqu'ici, n'ont pas atteint leur but.

En 1854, deux vieillards avaient été volés et blessés la nuit dans leur lit, par deux hommes revêtus de chemises blanches par-dessus leurs habits, et ayant la figure noircie avec de la suie.

L'instruction signalait trois coupables ; les soupçons tombèrent sur Prosper Buffet et sur Yves Lelouarn ; quelques coïncidences malheureuses, — mais beaucoup moins nombreuses, beaucoup moins extraordinaires que celles qui amenèrent la condamnation de Lesurques — égarèrent les témoins d'abord, le jury ensuite et la cour.

L'instruction, je l'ai dit, signalait trois complices; l'accusation, ne trouvant pas le troisième, se contenta de deux. Une des circonstances les plus tristes entre tant de tristes circonstances, c'est que la pauvreté notoire de Buffet et de Lelouarn fut un des arguments qui influencèrent le plus le jury.

Déclarés coupables tous les deux, Lelouarn fut condamné aux travaux forcés à perpétuité, Buffet à vingt ans de travaux forcés.

Lelouarn mourut à Cayenne et Buffet mourut à Brest.

Il y a quelques jours, quatre accusés de crimes divers sont amenés devant la cour d'assises du Finistère. Ces quatre accusés sont reconnus coupables du crime pour lequel Buffet et Lelouarn avaient été condamnés.

Deux innocents ont donc péri au bagne, de désespoir !

Telle est la première des deux erreurs dont j'avais à parler.

Si l'injustice volontaire de la justice est, comme je le disais tout à l'heure, le plus grand crime social qui se puisse commettre, une erreur judiciaire est le plus grand malheur social, et doit être le sujet d'un deuil public.

A l'annonce d'un pareil événement, un frisson de terreur passe sur les populations. « Eh quoi ! il est possible qu'un innocent soit condamné, qu'il soit attaché au bagne, qu'il y meure désespéré, que sa famille meure, ou, qui pis est, vive dans la misère et la honte? » — Mais cela peut arriver à mon voisin, à mon parent, à moi-même.

Quoi ! moi ! honnête homme vivant dans une pauvreté honnête et laborieuse, je verrai cette pauvreté, qui vient de ma probité, être invoquée contre moi ? J'ai quelquefois pensé que je pouvais tomber du faîte d'une maison, être broyé dans un engrenage de machine; mais je n'avais pas songé que je pouvais être mis au bagne, attaché à un assassin-voleur.

Quand une pareille calamité vient affliger et effrayer la société, je voudrais qu'un deuil public de trois jours fût ordonné et que le chef de l'État le portât le premier; c'est un plus grand deuil, en effet, que la perte d'un cousin ou d'un prince, que le plus souvent on ne connaît pas.

Je voudrais que les tribunaux suspendissent leurs audiences pendant vingt-quatre heures, et que les magistrats de toute la France assistassent, ce jour-là, à une messe expiatoire.

Je voudrais ensuite que les magistrats composant la cour qui a eu cet immense malheur, après avoir invité à les suivre les membres du jury, se rendissent en grande pompe devant le dernier domicile de l'innocent; que, là, une inscription gravée sur le marbre proclamât son innocence et le deuil de la justice; que ce jour où l'innocent a été condamné fût à jamais déclaré néfaste et qu'on ne jugeât plus ce jour-là.

Je voudrais encore que la famille du condamné assistât à la messe et à la cérémonie expiatoire; que le président, l'avocat général et le chef du jury lui demandassent solennellement pardon; qu'une somme importante, à titre de réparation nationale ou plutôt sociale, lui fût attribuée par un vote solennel de la chambre des députés.

Il paraît qu'entre les gens qui ne sont pas de mon avis, il faut compter M. le conseiller qui présidait les assises ; car il avait défendu la publication des débats.

La cour d'appel, heureusement, a été d'un avis contraire, et a pensé qu'il ne fallait pas enlever à la famille des deux malheureuses victimes la seule réparation que leur accorde l'état actuel de la législation française.

XIV

A M. VILLEMAIN ET A QUELQUES-UNS DE SES AMIS.

Remontrances.

Il ne dépend pas des partis politiques de remporter la victoire, mais il dépend d'eux de rester fidèles à leurs principes. Cavaignac a mieux aimé ne pas être président de la République que de se laisser nommer par l'assemblée législative. Un parti qui n'a pas de principes fixes, immuables, un parti qui change, dans l'occasion, la couleur de son drapeau, qui en obscurcit ou en adoucit les nuances, ne mérite pas le nom de parti politique ; c'est une réunion, une compagnie de spéculateurs qui mettent en commun leurs efforts dans le but de conquérir et de se partager, le cas échéant, les bénéfices du pouvoir. Cela, aux yeux de l'homme de bon sens et de l'honnête homme, n'a rien qui le distingue des compagnies qui se forment pour l'exploitation d'une houillère, d'une ligne d'omnibus, ou d'un grand magasin de nouveautés.

Depuis Louis XIV, on n'a plus, en France, succédé à son père ; il est donc permis, sans pouvoir être taxé de manquer en rien aux lois et au gouvernement actuel, de chercher quelles seraient les chances des divers partis, si ce gouvernement, si solidement établi sur le suffrage universel, n'existait pas. Ce sont des recherches purement philosophiques et morales qui n'ont rien de dangereux ni de défendu, puisqu'il ne s'agit que d'assigner le second rang, le premier étant naturellement conservé à ce qui est.

Ce second rang, dans les chances de l'avenir, appartenait évidemment au parti orléaniste.

Le parti représenté par Cavaignac se formait, en grande majorité, des orléanistes avancés et des républicains modérés; à la mort de ce grand citoyen, je ne crois pas me tromper en disant que le parti orléaniste, fidèle aux principes de progrès et de libéralisme qui avaient fait sa force en 1830, aurait hérité de cet appoint.

Il est difficile de savoir pourquoi il plaît à certains membres des plus influents de ce parti, de le diminuer et de le démoraliser comme à plaisir.

La politique a inventé une machine destructive appelé coalition; cette machine consiste à réunir contre un ennemi commun actuellement au pouvoir, des hommes plus opposés entre eux que chacun d'eux ne l'est à celui qu'il attaque, d'en faire une armée monstrueusement formée de soldats de toutes nations et des uniformes les plus variés, qui, précédés d'une musique cacophonique et charivarique jouant à la fois *la Marseillaise, Vive Henri IV, la Parisienne,* avec un peu de *Ça ira,* semblent marcher bien plus au butin qu'à la victoire.

Cette machine, trop souvent triomphante, a cependant divers inconvénients dont je vais signaler seulement quelques-uns.

L'armée agressive, ne représentant plus aucun principe que le désir du pouvoir et de ses avantages, ne peut guère échauffer les esprits ouverts, justes et honnêtes, et donner une grande force au parti qu'elle représente. Supposons qu'elle réussisse, comme nous l'avons déjà vu plusieurs fois, on sait d'avance ce qui doit arriver :

Les vainqueurs se disputeront le butin qui, en définitive, sera la proie d'une seule des hordes composant l'armée d'invasion.

Le parti dépossédé se réunira aux partis évincés, et une nouvelle bataille se préparera, laquelle sera suivie perpétuellement de batailles semblables qui, toutes, auront le même résultat.

Ce qui ne me paraît pas constituer pour un pays une situation précisément calme et prospère.

Lorsque quelques-uns des chefs du parti orléaniste imaginèrent cette bouffonne saugrenuité appelée *la fusion*, c'était un amoindrissement, un effacement volontaire, un oubli complet jusqu'au grotesque, de son origine et de son principe. Le parti orléaniste n'avait jamais eu de puissance que comme négation du principe légitimiste, auquel il prétendait se réunir ; les deux branches se réunissant, le rôle de la branche d'Orléans, de la branche cadette, ne pouvait être que de demander humblement pardon à l'aînée, qui lui donnait sa main à baiser.

Alors, revenant aux principes légitimistes, on lavait le drapeau tricolore en famille, on le lessivait si bien, qu'il ne restait à côté du blanc qu'un peu de rose pâle et un peu de bleuâtre, que la pluie et le temps ne tarderaient pas à effacer.

Je me suis expliqué plus longuement en ce temps-là sur ce sujet, et j'ai développé les raisons qu'aurait la nation française de ne pas ratifier ce marché.

La regrettable duchesse d'Orléans est morte, comme elle a vécu, opposée à la fusion.

Mais voici maintenant une autre gaieté : c'est la conversion de M. Villemain.

M. Villemain aspire à devenir un père de l'Église, quelque chose comme un évêque en redingote ; il publie son petit mandement. Comme celui de tous les nouveaux convertis, son zèle manque un peu de limites; ce n'est pas en évêque gallican que se transforme M. Villemain, — c'était une place à prendre — c'est en catholique papiste, en ultramontain. Je ne savais pas le diable si vieux. Mais M. Villemain n'est pas seul. Il y a des journaux notoirement orléanistes qui se livrent à cette forme plus facile qu'intelligente de la politique, qui consiste à dire, sans examen, le contraire de ce que disent les adversaires, de sorte que, si les adversaires trouvent quelque intérêt à se démentir, à abandonner leur principe pour en adopter, en suivre, en seconder même un autre, ces grands politiques arrivent à dire le contraire de ce qu'ils ont dit eux-mêmes.

Un parti qui n'a pas de principes fixes, immuables, n'est pas un parti, c'est une raison sociale, c'est une spéculation commerciale. Convient-il aux hommes sérieux du parti orléaniste de suivre MM. Villemain et compagnie dans cette voie, et d'adopter pour drapeau la culotte d'arlequin? Je le leur laisse à décider.

Pour moi, j'aime mieux appartenir à un parti,

vaincu, mais logique et honnête, qu'à un parti triomphant... autrement que par la logique et l'honnêteté. L'honnêteté en politique exige que l'on ait un drapeau bon teint, un drapeau dont les couleurs ne s'altèrent ni par la pluie ni par le soleil, ni par la défaite ni par la victoire.

On avait dit, dans le temps, que les jésuites avaient, à force de menaces, rendu M. Villemain, alors ministre de l'instruction publique, complétement fou : leurs caresses sont plus dangereuses que leurs menaces ; cette fois, ils l'ont rendu jésuite.

XV

LES ARBRES ET LES CHEVEUX.

Entre les choses qui m'ont particulièrement frappé lors de mon dernier voyage à Paris, je dois mentionner la luxuriante chevelure des femmes, et l'aspect pauvre et attristant des arbres.

Ces deux spectacles m'ont également affligé.

Ici, vous m'interrompez, ma belle lectrice, et vous me dites :

— Je comprends votre chagrin en voyant des arbres tristes, étiques, malades; mais je ne me l'explique pas à l'aspect des belles chevelures brunes, noires, blondes ou rousses. Voulez-vous donc donner raison à cet imbécile de ***, qui disait l'autre jour en plein salon : « M. Karr n'aime pas les femmes? » Il me semble que j'ai quelque part une sorte de chanson que vous fîtes autrefois sur un petit air allemand, et dont je ne me rappelle que ceci :

>J'ai vu les diamants aux vives étincelles
>Briller dans les cheveux d'une femme à l'œil noir.
>. . . . .
>J'ai vu . . . .
>Et j'aime mieux l'églantine séchée,
>Dont ses cheveux, tout un grand jour, furent liés;
>Et j'aime mieux la mousse encor penchée
>Qui garde empreints, sur son velours, ses petits pieds,
>Signe orgueilleux de grandeur souveraine,
>Rouge turban plissé sur la tête des rois,
>Non, tu n'as pas l'éclat de ces tresses d'ébène,
>Qui couronnent son front, et que nattent mes doigts.

Ce chagrin, ma belle lectrice, je vous l'expliquerai tout à l'heure. — Parlons d'abord des arbres.

On a fait sonner bien haut, dans les journaux, le prodige d'avoir transplanté des arbres *séculaires* de plus de *cinquante ans* (textuel). On a parlé également avec enthousiasme de la cure radicale des ormes vénérables des Champs-Élysées, attaqués par je ne sais quelle larve.

Les journalistes sont essentiellement Parisiens; la plupart ne connaissent les arbres que de réputation, ou sur les portraits médiocres qu'en offrent les théâtres à leurs regards ; c'est ce qui fait qu'ils ne s'aperçoivent pas des saugrenuités que leur font dire quelquefois des gens intéressés; c'est ainsi qu'on les a rendus complices du *chou colossal,* de l'*arbor sancta,* de la *Société Tanguière* et de mille autres hérésies agricoles, horticoles et crimes de lèse-nature.

Les arbres étaient déjà assez malheureux, ce me semble, que les larves en question se fussent glissées sous leur écorce; cependant il faut reconnaître qu'il y a eu de tout temps certains insectes dont la larve n'a jamais eu d'autre domicile, et que les arbres ont été créés pour leur servir d'asile — au moins autant que pour faire des tables et des commodes et pour être brûlés dans les cheminées. — Mais il y a pis que les insectes, ce sont les savants; les insectes sillonnaient et attaquaient l'écorce des vieux et respectables ormes, les savants les en ont complétement déshabillés, et les ont ensuite peints en rouge.

Je déclare que cela n'est point agréable à la vue.

Les arbres feront bien, à l'avenir, de souffrir en silence les petits inconvénients attachés à la vie végétale, et de ne pas appeler les savants à leur secours. Leur cas a été prévu par diverses fables : l'une raconte l'histoire d'un cheval qui, ayant à se plaindre du cerf, prie l'homme de venir à son aide; l'homme le selle, le bride, monte sur son dos, tue le cerf, — mais ne veut plus descendre.

Un bourgeois voit ses laitues attaquées par un lapin; il fait prévenir un seigneur son voisin, descendant direct de Nemrod, qui fut, comme on sait, *un grand chasseur devant Dieu.*

Le seigneur appelle ses amis, les trompes sonnent de joyeuses fanfares, les chevaux piaffent, les chiens jappent, la chasse commence, le lapin est tué, mais le pauvre jardin est ravagé.

Priez donc, ô vieux arbres, les dryades et les hamadryades auxquelles vous servez d'asile, de vous réciter ces fables, et faites-en votre profit.

Honni soit qui mal y pense!

(Je prie ici MM. les compositeurs de ne pas imprimer : *O Niçois,* etc. On pourrait supposer que c'est aux habitants de Nice et de la Savoie que j'adresse ces deux fables, et que je fais une allusion rétrospective à l'annexion.)

Les gros arbres, transplantés avec tant de peines, tant de dépenses et tant de bruit surtout, ont dû être et ont été horriblement mutilés; on les a ensuite emmaillottés d'en haut jusqu'en bas de hideux chiffons, puis ornés d'un entonnoir au haut du tronc.

Il me semble qu'il serait plus agréable de voir de jeunes arbres, pleins de sève, libres, luxuriants, balancer au vent leurs flexibles branchages ; dix ans après la plantation, de jeunes arbres présenteraient à coup sûr un ombrage plus intense et surtout un aspect plus riant que ne le feront jamais ces gros arbres, qui seront éternellement rabougris [1].

Mais c'est un caractère de ce temps-ci, que l'on ne veut pas planter de jeunes arbres qui courraient risque de ne donner leur ombrage qu'à une autre génération.

Insere, Daphne, pyros; carpent tua poma nepotes.

[1]. Il est un moyen de transplanter des arbres déjà forts sans avoir à les mutiler beaucoup, avec une grande sécurité pour la reprise, et à peu de frais.

C'est par l'extrémité des racines que l'arbre absorbe les sucs de la terre; quand vous transplantez un arbre, vous coupez naturellement ses racines à une certaine distance, et vous tranchez en même temps une somme de branches en équilibre avec la suppression des racines. Quelques petites racines, ayant poussé sur les grosses et n'étant pas mutilées, nourriront l'arbre jusqu'à ce que, les plaies des racines étant cicatrisées, il s'y forme un bourrelet duquel partent de nouvelles et jeunes racines divergentes; c'est là une crise dangereuse et plus ou moins longue, suivant les espèces.

Eh bien, pour la rendre moins longue et moins dangereuse, il faut mettre trois ans pour transplanter un arbre déjà fort.

La première année, vous déchantez ses racines et vous les coupez à la distance ordinaire sur un tiers de sa circonférence; puis vous remplissez la fosse de bonne terre légère et vous taillez l'arbre.

L'année suivante, vous faites l'opération sur un autre tiers de la circonférence, et, lorsque vient, à la troisième année, le moment d'arracher l'arbre, vous trouvez déjà les deux tiers de ses racines repoussées, rapprochées, et vous pouvez les enlever sans les mutiler; la réparation n'aura donc à se faire que sur le dernier tiers.

On veut jouir, on veut jouir soi-même, et tout de suite.

Passons aux chevelures des femmes.

J'ai souvent parlé des piéges dans lesquels les femmes laides, bossues, maigres, obèses, douées de laides jambes, de pieds difformes, etc., font tomber sans cesse les jeunes et les belles.

Les jupes longues ont eu pour but de cacher à la fois les gros vilains pieds de celles qui les ont inventées et les pieds étroits et cambrés de celles qui les adoptent.

La crinoline, devenue cage d'acier, dissimule à la fois les formes grêles et décharnées des maîtresses de la mode et les formes souples, sveltes et onduleuses des autres.

Les femmes qui ont peu ou point de cheveux, ont eu de tout temps la ressource des perruques en tout genre. *Faux bandeaux! fausses queues! repentirs! cache-folies! tours!* etc.

Les hommes ne s'en apercevaient guère, et, bien plus, comme ces personnes dépassaient souvent les limites de l'imitation, c'était à ces chauves que les pauvres hommes accordaient la palme de la chevelure.

Je sais bien que celles qui ne se paraient que de leur véritable, belle, épaisse, souple et brillante chevelure ne se montraient pas avares d'avertissements à ce sujet; mais ces avertissements étaient ou tardifs ou mal interprétés.

Aujourd'hui, grâce à une invention nouvelle et hardie, les chauves triomphent d'une manière éclatante.

Elles ont imaginé d'acheter et d'accrocher sur leur tête trois fois autant de cheveux qu'en peut fournir la plus opulente, la plus épaisse, la plus longue chevelure.

Avec cela, elles ont construit des sortes de casques, de turbans, de bonnets à poil, qui ont tout d'abord excité la naïve et sotte admiration des hommes, puis le chagrin et l'envie des autres femmes. — Il est triste, en effet, quand on a reçu du ciel ou de l'enfer une riche et soyeuse chevelure, de se voir vaincre, sous le rapport des cheveux, par des femmes chauves.

Elles ont d'abord essayé d'imiter, avec leur vraie.

noble et ruisselante chevelure, les édifices insensés qu'élevaient les chauves sur leur tête nue avec leurs cheveux d'emprunt.

Puis enfin elles sont tombées dans le piége que leur tendaient leurs ennemies : elles ont commis le crime de mêler à leurs cheveux vivants des cheveux morts, des cheveux empruntés aux amphithéâtres de dissection.

Et, maintenant, toutes ont de faux cheveux, les chevelues comme les chauves; la crinoline s'est étendue des hanches jusqu'à la tête. — Et dire que les belles n'auront jamais l'esprit de se défendre contre les laides! qu'il ne se fera pas une coalition des belles pour porter des vêtements ajustés, quand les laides se cachent sous des cercles d'acier! pour imaginer une coiffure qui ne puisse s'imiter en cheveux postiches, dussent-elles porter quelque temps leurs cheveux tombant sur leurs épaules!

Toujours est-il qu'en ce moment les coiffures à la mode exigent impérieusement ce dégoûtant mélange de faux cheveux, ou de petits matelas de crin ou de faux cheveux crépés, qui ne paraissent pas quand la femme vient de se coiffer, mais qui ne manquent pas de se manifester dans le cours d'une soirée.

Voilà une chose vraiment grave, car il s'agit de la beauté des femmes.

Du reste, la mode tient aujourd'hui son rang dans l'État; elle n'exerce plus seulement un despotisme clandestin, elle rend les arrêts dans les journaux sérieux, dans les articles politiques et la partie officielle. J'emprunte ce qui suit à un grand journal quotidien, politique, etc. :

Il s'agit de la séance où un discours de l'empereur va dissiper ou augmenter les inquiétudes de l'Europe :

Vendredi 2 mars 1860.

OUVERTURE DE LA SESSION.

Discours de l'empereur.

« L'impératrice portait une robe gris-perle, un mantelet de dentelle noire et un chapeau blanc.

» La princesse Clotilde, une robe bleue et un chapeau blanc.

» La princesse Mathilde, un châle jaune et un chapeau blanc. »

Et la robe? Je pense que c'est un oubli... du journaliste.

XVI

AUX BOIS LES TOURTEREAUX.

Et cependant, au moment où j'émets la crainte de voir le sens moral s'oblitérer en France, voilà des signes qui constatent une recrudescence, une aggravation, un redoublement de vertu, qui semble devoir faire de Paris un lieu que peu de personnes oseront désormais habiter.

Le propriétaire d'un immeuble que je ne puis désigner, parce que je ne sais qui m'a enlevé le numéro de la *Gazette des Tribunaux* où le procès est relaté, — un propriétaire a actionné un locataire et l'a traîné devant la justice du pays, en demandant qu'il fût condamné à sortir immédiatement de sa maison et à n'y jamais rentrer, parce que lui, propriétaire, avait découvert qu'une personne qui passait pour la femme dudit locataire ne lui était unie que par des liens d'affection.

Il avait communiqué cette découverte à un de ses autres locataires ; la nouvelle s'était répandue, et la maison était menacée d'être abandonnée comme une maison dangereuse.

On y avait arboré le drapeau rose en signe d'amour, comme on met le drapeau jaune sur les maisons où il y a la peste.

Le tribunal, faisant droit à la requête du propriétaire et des locataires pudibonds, a ordonné que le couple sortirait de l'immeuble. — Reste à purifier les lieux où l'on s'est aimé.

Le sort de ce couple m'inquiète ; ces deux pauvres tourtereaux ne sont-ils pas exposés à rencontrer partout des propriétaires et des locataires d'une austérité égale ? Si le tribunal est appelé deux fois, dix fois, cent fois à prononcer leur expulsion, il ne se *déjugera* pas (expression du palais), et alors les pauvres tourtereaux n'auront plus que les retraites des bois et les branches des arbres.

Or sus, MM. les imprimeurs, veuillez, je vous prie, chercher la phrase toute composée que je vous ai prié de conserver :

« Certes, je professe le plus profond respect pour les décisions de la justice, mais... » je ferai humblement remarquer :

Que le scandale vient bien plutôt du propriétaire et des voisins qui ont découvert, qui ont propagé l'union dite illégitime des pauvres tourtereaux, que des tourtereaux eux-mêmes, qui ont fait ce qu'ils ont pu pour la cacher ;

Que les femmes mariées qui ont des amants montrent un peu trop de sévérité pour celles qui ont un amant et point de mari ;

Que cet avantage d'avoir comme gérant responsable un honnête homme qu'on trompe, ne doit pas rendre si inflexible pour celles qui ne trompent personne et, en définitive, ne font de tort qu'à elles-mêmes ;

Que la femme qui ne se livre que sous conditions bien et dûment enregistrées, après un contrat en bonne forme, est une femme plus prudente, plus heureuse que l'autre, qui se donne parce qu'on l'aime et parce qu'elle aime elle-même, qui sacrifie tout à l'homme qu'elle aime, à l'homme qui probablement l'abandonnera quelque jour.

Cette situation, ce me semble, devrait inspirer plus de pitié et moins de haine à celles qui ont eu le bonheur ou la prudence de l'éviter.

J'ai grand'pitié de ces pauvres tourtereaux excommuniés, et je déclare que j'aimerais mieux demeurer dans la même maison qu'eux, s'ils en trouvent une, que dans celle des gens qui les ont chassés après avoir épuisé contre eux toutes les tortures de la curiosité et toutes les férocités de la langue.

Voici que je retrouve le numéro de la *Gazette des Tribunaux*, et je lui emprunte les pièces justificatives que voici :

Extrait de la plainte de M. P..., *le propriétaire.*

« P..., *ayant appris* que la personne que G... avait introduite dans la maison n'était autre qu'une jeune femme avec laquelle il vivait, *cette situation bientôt connue* a causé un véritable scandale dans la maison : les locataires ont menacé de donner congé ; les appartements vacants n'ont plus trouvé d'amateurs, — etc. »

Extrait du jugement.

« Attendu que P... a loué à G... un appartement, etc.; qu'il est constant que G..., qui avait annoncé à P... qu'il occuperait les lieux avec sa famille, y a installé une femme qui n'est pas la sienne ; que la situation de G..., connue des autres locataires, a amené des plaintes de ces derniers vis-à-vis du propriétaire ;

» Attendu qu'en présence des faits articulés par P..., et acceptés par G..., qui a été obligé de reconnaître qu'il vivait dans une position irrégulière avec la femme qui occupe les lieux, P... est fondé à demander la résiliation ;

» Déclare le bail verbal fait par P... à G... résilié à partir du 1er avril prochain, et condamne G... aux dépens. »

(*Tribunal civil de la Seine, 5e ch., audience du 9 mars 1860. Présidence de M. Labour.*)

Il résulte de ceci que c'est P... qui a *appris la situation*, que *bientôt* elle a été connue des autres locataires. — Ne serait-ce pas P... qui aurait jasé ? — Enfin ils ont un asile jusqu'au 1er avril, les pauvres tourtereaux !

Au 1er avril, dans les environs de Paris, les arbres n'ont pas encore de feuilles, les violettes sont rares, le président n'aurait peut-être dû les envoyer au bois qu'au 1er de mai ; on a alors des pâquerettes à effeuiller.

XVI!

LES INCURABLES.

Un journal (*l'Union médicale*) fait ressortir avec beaucoup de raison ce qu'il y a d'inconvenant et de dur à voir inscrit au-dessus de la porte d'un établissement qui sert de refuge à de pauvres créatures du bon Dieu, ce mot cruel : INCURABLES, que les hôtes de cette maison doivent lire chaque fois qu'ils y rentrent ; ce qui leur ôte le bénéfice de l'oubli que la

Providence nous a si heureusement donné, et les oblige à laisser l'espérance à la porte, comme les parapluies et les cannes à l'entrée des théâtres.

Incurables !

Mon cher homme, vous qui revenez de voir des amis, des parents dont la cordiale réception vous a fait tant de bien au cœur, vous qui allez passer une bonne nuit après une si bonne journée, — attendez, levez la tête, — n'oubliez pas que vous êtes *incurable,* que cette maison est l'antichambre de la mort, que la mort vous tient par un membre et vous attire à elle fatalement, inexorablement, comme un homme pris dans un engrenage de machine.

On est pourtant si fort en France sur les synonymes ! Il y a eu des gouvernements qui n'ont vécu que de cela :

Plus de hallebardes ! — Plus de conscription ! — Plus de droits réunis ! — Plus de gendarmerie ! — Plus de guerre !

Mais des Suisses avec des fusils, — un bon recrutement, — des contributions directes et indirectes, — des gardes municipaux, etc., etc.

J'aime mieux *hospice* qu'*hôpital ;* — le premier, qui s'applique aussi au refuge des voyageurs, des religieux, etc., est moins cru que le second, qui ne s'applique qu'aux malades. — J'aimerais encore mieux *maison.*

Pourquoi ne pas donner à l'hospice des *incurables* le nom de son fondateur ou d'un grand médecin, ou d'un grand ami de l'humanité ?

Il en est de même d'une inscription révoltante que l'on voit dans beaucoup d'églises de la province et de la campagne : *Banc des pauvres.* — C'est la seule place où on ne paye pas pour entendre la parole de Dieu ; c'est une note infamante pour ceux qui ne peuvent pas prendre, sur le pain de leurs enfants, les quelques sous d'impôt que prélève la loueuse de chaises.

Il me semble que les églises catholiques gagneraient un certain air chrétien en modifiant quelques-uns de leurs usages.

Le Christ, qui chassa les marchands du temple, n'aurait pas beaucoup approuvé que deux ou trois vieilles femmes vinssent déranger les fidèles de leur méditation et de leur prière pour leur réclamer deux sous, passer dans les rangs, tirer les absorbés par la manche, recevoir l'argent, rendre la monnaie, etc.

Une quête spéciale, une souscription pour l'achat des chaises serait bien vite et favorablement accueillie dans chaque paroisse.

Je proposerais encore de n'admettre aucune différence de pompe ni dans les baptêmes, ni dans les mariages, ni dans les enterrements ; d'exiger que les communiantes aient un costume uniforme, dont on demanderait le prix aux plus pauvres.

Chrétiennement parlant, s'il y avait dans les églises une place réservée aux pauvres, ce devrait être la plus près du chœur, la plus commode, la meilleure.

Mais je m'arrête pour ne pas me faire traiter d'impie, d'athée et d'ennemi de l'Église par quelques-uns de ces faux fanatiques qui sont si laids, qu'ils font parfois regretter les vrais, en un mot, pour ne pas me faire *veuillotiner*.

XVIII

LES SAVANTS QUI SAVENT ET LES SAVANTS QUI NE SAVENT PAS.

Il n'y a plus de savants; le jury l'a déclaré en pleine cour d'assises de la Seine, sous la présidence de M. Zangiacomi.

Il n'y a plus de savants; c'est-à-dire que ceux-là seuls seront savants qui savent, et non plus ceux auxquels on aura, moyennant finance, délivré, sur un bout de papier ou sur un morceau de peau d'âne, un brevet de savant.

Il est à la connaissance de tout le monde qu'il existe à Paris un certain nombre de gens qui n'ont d'autre industrie que de passer, au nom d'autrui et pour autrui, les examens pour le baccalauréat ès lettres et pour le baccalauréat ès sciences.

La chose est si notoire, que, depuis quelques années, l'Université, qui, bonne mère, *alma mater*, s'était contentée de laver en famille ses parchemins douteux, a cru devoir faire intervenir la justice, et la prier de mettre un peu d'ordre dans cet abus.

Trois prévenus ont donc paru devant la justice criminelle, sous l'accusation de faux. Après le réquisitoire, le résumé et les plaidoiries, le jury est revenu avec un verdict d'acquittement. — Le jury a pensé qu'il n'y avait rien de criminel à se faire passer pour un autre, à propos de thèmes et de versions; que c'était un tour d'écolier et rien de plus; que, d'ailleurs, le baccalauréat était une chose parfaitement insignifiante que l'on ne pouvait plus prendre au sérieux, depuis, surtout, qu'il y a vingt établissements dans Paris qui mettent, en trois mois, n'importe qui en état de sortir triomphalement des épreuves.

D'ailleurs, a sans doute pensé le jury, le mal est fait; comment le réparer? L'Université reconnaît qu'elle a déjoué souvent de pareilles tentatives avant d'avoir recours à la justice, que c'est même la multiplicité de ces tentatives qui l'a décidée à demander l'intervention de dame Thémis; or, l'Université prétend-elle qu'on ne l'a jamais trompée? prétend-elle que, chaque fois qu'un candidat s'est présenté sous le nom d'un autre, elle lui a dit : « Pierre, je te reconnais, tu n'es pas Paul? »

On a souvent parlé de grands généraux qui savaient le nom de tous leurs soldats; cela se dit, mais ne se croit pas. Nous savons comment procédait Napoléon le Grand, qui valait bien les autres, pour faire croire aux soldats qu'il les reconnaissait : il se faisait informer s'il y avait dans telle compagnie un soldat d'Égypte; puis, en passant devant lui, il arrêtait son cheval et disait :

— Je te connais, toi ! tu étais à Aboukir.

Et le soldat reconnu brûlait de se faire tuer pour ne pas se montrer ingrat de tant d'honneur; et les autres disaient :

— Il nous connaît tous !

Cette innocente supercherie ne faisait de mal à personne, et causait une grande joie à celui qui en était l'objet et à ses voisins.

Les grands hommes et les hommes élevés sont comme les escamoteurs : quelle que soit leur habileté, ils ont besoin de compères. En voici un exemple assez curieux raconté par le prince de Ligne, qui affirme qu'il a vu la lettre dont il va être question, et qu'il assistait à l'incident qui en fut la suite.

M. Necker faisait écrire à Louis XVI des lettres anonymes par un M. de Pezai, qui, de temps en temps, fournissait au roi quelque mot à effet, ou quelque parole mémorable. Voici la lettre que cite le prince de Ligne :

« Vous ne pouvez pas régner par la grâce, sire, la nature vous l'a refusée; imposez-en par une grande sévérité de principes. Votre Majesté va tantôt à une course de chevaux, elle y verra une chose singulière : un notaire sera là pour écrire les paris de M. le comte d'Artois et de M. le duc d'Orléans. Dites : « Pourquoi cet homme ? Faut-il écrire entre » gentilshommes ? La parole suffit. »

« Cela arriva, dit le prince de Ligne; j'y étais; — et on s'écria : « Quelle justesse! et quel grand mot du » roi ! »

Or donc, si on ne croit pas trop facilement que de grands généraux, des conquérants illustres, aient connu le nom et la figure de tous leurs soldats, avec lesquels, cependant, ils passaient leur vie, comment l'Université nous fera-t-elle croire qu'elle connaît, elle, tous les membres de sa nombreuse et sans cesse renaissante famille; c'est-à-dire que quatre ou cinq membres de l'Université, chargés d'interroger des gens qu'ils n'ont jamais vus, diront : « Tu prétends que tu t'appelles Paul... Tu as plutôt l'air d'être Pierre ! » ou, encore, que, s'il arrive qu'un des professeurs croie reconnaître une figure pour l'avoir déjà vue, il puisse se rappeler si c'est bien là qu'il l'a déjà vue; et, encore, s'il arrive à fixer ses souvenirs sur ce point, si la figure qu'il croit reconnaître n'est pas celle d'un pauvre candidat repoussé à un autre examen ?

Puisque l'Université avoue qu'elle a souvent découvert la supercherie, puisque nous établissons qu'elle est très-difficile à découvrir, il faut ajouter, à une perspicacité à laquelle nous voulons bien rendre hommage, la supposition que cette supercherie est très-fréquente, et que, si elle a été quelquefois découverte, elle a un bien plus grand nombre de fois obtenu un succès complet. — Si un chasseur, tirant un coup de fusil dans une nuit obscure, me raconte qu'il a tué deux ou trois perdreaux, je puis, sans l'offenser, supposer qu'il y avait dans l'endroit où il a tiré énormément de perdreaux, et que, s'il en a tué trois, il y en a un grand nombre qui se sont enfuis. Donc, il est évident, incontestable, qu'il y a de par le monde un très-grand nombre de faux bacheliers, ayant leurs papiers de savant parfaitement en règle. Le jury a donc pris le bon moyen : il a à peu près supprimé le baccalauréat, en déclarant que ce n'était pas une chose sérieuse, que l'on n'est pas coupable pour avoir commis un faux à propos du baccalauréat, que ce n'est pas même une peccadille, que cela ne regarde pas la justice, que c'est comme si on amenait des écoliers sur les bancs de la cour d'assises parce qu'ils auraient négligé de faire leur thème, ou copié leur version sur un camarade, ou écrit leur nom avec un canif sur les bancs de la classe, ou caché la leçon à réciter dans le fond de leur casquette, ou *soufflé* un camarade dont la mémoire se montre d'autant plus infidèle qu'il ne lui a rien donné à garder, ou collé au plafond, avec du papier mâché, la caricature du professeur, ou cousu, pendant la classe, une balle élastique, ou joué *aux loques* les boutons de sa veste. « La cour d'assises, a répondu le jury, ne se charge pas de donner des pensums, — et c'est là une affaire de pensums. »

Certes, il serait bien facile de répondre à ce paradoxe du jury; mais, au fond, ce qu'il a voulu faire, c'est détruire le baccalauréat. « A bon vin pas d'enseigne, s'est-il dit. En faisant tomber cette institution vermoulue, que ferons-nous? Enlèverons-nous la science aux vrais savants, à ceux qui savent? Nullement; nous enlèverons seulement les enseignes, qui sont les mêmes pour le vrai et le faux savant. »

Il est évident que, puisqu'il est décidé qu'on n'est pas coupable pour faire passer ses examens par un autre, ni pour passer des examens à la place d'autrui, le baccalauréat n'existe plus. Du reste, il n'a jamais servi à rien, ni rien prouvé. — Qu'est-ce, en effet, qu'une leçon récitée dont on peut dire ceci: Trois mois avant l'examen, le candidat ne savait pas un mot de tout ce fatras non digéré; trois mois après, il n'en saura plus un mot; à tel point que, si on permettait aux candidats d'examiner à l'improviste leurs examinateurs, il est probable que les examinateurs ne seraient pas reçus. — Et je me rappelle qu'un jour, chez Victor Hugo, je disais à un grand maître de l'Université :

— Monsieur, vous êtes un des hommes les plus savants de ce temps-ci; eh bien, si on venait à l'instant même vous faire subir un examen un peu sévère pour le baccalauréat, oseriez-vous affirmer que vous seriez admis ?

Quelle garantie présente une science qu'on peut acquérir en trois mois, et que l'on ne conserve pas ?

Il en est un peu de l'éducation des hommes comme de celle des chevaux. — A quoi sert un bachelier ? A quoi sert qu'un cheval fasse une lieue en cinq minutes, s'il doit crever à la sixième minute ?

Il aurait été difficile que le jury, d'ailleurs, envoyât aux travaux forcés ceux qui ne sont pas assez et ceux qui sont trop bacheliers. C'est grave de tricher au baccalauréat, et c'est faire un peu tard des farces d'écolier; mais, enfin, il vaut encore mieux usurper un diplôme de bachelier que d'empoisonner son ami et son créancier, comme a fait Baurain, qui, par la cour d'assises de Seine-et-Oise, a été condamné pour ce fait aux travaux forcés. Il vaut mieux, à la rigueur, faire une version pour un autre que d'assassiner sa maîtresse à coups de couteau. Sans l'acquittement des faux bacheliers, il aurait pu leur arriver ceci : que les trop forts en thème se seraient trouvés enchaînés avec Baurain l'empoisonneur et avec Hiribarnegaray l'assassin. — On ne peut pas dépenser toute son indulgence en faveur des empoisonneurs et des assassins.

Cet exemple de la sollicitude dont MM. les assassins sont entourés par le jury est remarquable.

Baurain devait sept cents francs à son ami ; celui-ci n'avait même pas demandé de billet. De ce procédé, Baurain tire la conséquence que voici : « Si mon ami mourait, on ne pourrait pas me réclamer les sept cents francs. » Et naturellement il empoisonne son ami.

Hiribarnegaray avait une maîtresse ; de leur union étaient nés trois enfants. Un jour, elle refuse de lui donner du café qu'elle avait préparé pour sa mère ;

Hiribarnegaray, justement irrité, tue sa maîtresse à coups de couteau.

Le jury a admis, en faveur de ces deux messieurs, des circonstances atténuantes.

Cette sollicitude pour les assassins va plus loin qu'on ne pense. Les ordonnances qui défendent de porter des armes ne sont pas faites évidemment contre les assassins. Un assassin qui encourait autrefois la peine de mort, et qui encourt aujourd'hui celle des travaux forcés, se soucie peu d'être condamné à mort et à quinze francs d'amende, aux galères et à quinze francs d'amende. Ces ordonnances sont évidemment faites contre les bourgeois, qui, attaqués, pourraient bien tuer un assassin, par hasard, s'il leur était permis de porter des armes. Les choses sont aujourd'hui tellement établies, que, de tous les citoyens français, celui qui est le moins exposé à être tué, est celui qui a empoisonné son père ou tué sa maîtresse à coups de couteau; les grilles et les verrous de la prison le garantissent de la mort dont la justice n'a pu garantir ses victimes.

Jeanne Etchard a été tuée pour avoir refusé de

donner à Hiribarnegaray le café de sa mère; Hiribarnegaray ira aux travaux forcés pour avoir tué Jeanne Etchard. Malgré le verdict du jury, je considère le crime d'Hiribarnegaray comme au moins aussi grand que celui de Jeanne Etchard; le tout sans manquer en rien au respect que je dois aux citoyens revêtus momentanément de la dignité de juge. Je distingue le juge de l'homme; aussi ne parlé-je qu'à ceux de mes compatriotes qui ne sont plus du jury ou n'en ont pas encore fait partie.

Les descendants de Mahomet sont honorés par les musulmans, quelle que soit la condition dans laquelle ils aient été placés par le sort. A eux seuls il est permis de porter un turban vert. Il arrive cependant parfois qu'un chérif a mérité la bastonnade; alors, le cadi lui enlève le turban avec respect, le baise et le dépose en lieu sûr. On donne ensuite au coupable le nombre de coups de bâton auquel il a été condamné; puis le cadi reprend respectueusement le turban vert, le rebaise et le lui replace sur la tête.

Donc, il ne suffira plus d'être habillé de vert foncé avec des palmes vert clair; il ne suffira plus d'avoir

« ses papiers de savant en règle ; il ne suffira plus d'une peau de mouton ou d'une peau d'âne pour être honoré, vénéré et appointé comme savant. Vous me direz que, cela convenu, il restera encore bien des petites choses à redire : on appellera encore et toujours savants ceux qui sauront un très-grand nombre d'erreurs, comme on appelle « une belle vue » un endroit d'où l'on voit beaucoup de vilaines choses à la fois.

On appellera encore savants ceux qui, s'embourbant un peu plus loin que les autres, s'embourberont davantage ; on appellera encore savants ceux qui feront des livres si ennuyeux, qu'on aimera mieux les admirer que de les lire ; on appellera encore savants ceux qui, n'ayant ni génie, ni esprit, ni invention, ni verve, ni bon sens, ni sensibilité, ni observation, feindront de mépriser tout cela chez les autres, se faisant un mérite de ne pas le posséder, parleront de ces facultés puissantes comme d'autant d'infirmités, comme d'une loupe ou d'une gibbosité, et auront l'air très-indulgents en ne traitant ceux qui en sont affligés que d'esprits légers et superficiels.

On appellera encore savants ceux dont les bévues, faites d'un air sérieux, ne font rire que les autres. Les savants domineront par l'ennui comme d'autres par l'avarice, comme d'autres par la fourberie, comme d'autres par la violence et le mépris des lois, comme d'autres par le mensonge et l'apostasie.

Soyez tranquille, il y aura des savants, il y en aura toujours !

XIX

LES PHILANTHROPES ET LES TOURS.

Il est une plaie sur laquelle il faut fixer les deux yeux ouverts, en ce moment où on s'opiniâtre à mettre en question l'existence des *tours*, dont une grande partie a déjà été fermée en France. Je veux parler de l'infanticide et de l'avortement. — Non-seulement les exemples de ces crimes déférés à la justice deviennent chaque jour plus communs, mais encore il faut reconnaître que ce n'est que le plus petit nombre qui est connu. Ce n'est que lorsqu'un accident vient effrayer un voisinage, lorsqu'une fille, jeune et fraîche hier, meurt subitement dans d'horribles douleurs aujourd'hui, que la voix publique avertit la justice. Mais quand une de ces créatures si singulièrement appelées *sages-femmes*, déshonorant une utile et respectable profession, est amenée sur la sellette après un de ces terribles accidents, sait-on combien de fois elle a pratiqué son industrie avant de commettre la *maladresse* qui a éveillé l'attention de la justice ? — La justice et le public ne connaissent que les avortements qui ne réussissent pas.

Il en est de même de l'infanticide. Une fille, le plus souvent une servante, devient grosse; le village entier s'en aperçoit. Les autres femmes ne lui épargnent ni chagrin ni humiliation. Elle nie sa grossesse, mais on l'épie. Sa maîtresse, qui est femme avant tout, et qui, en qualité de femme, est jalouse, avec haine, de tout amour qui ne s'adresse pas à elle, fût-ce un amour qu'elle aurait dédaigné avec colère, sa maîtresse l'interroge, non pour lui offrir des secours et du secret si le bruit public est fondé, mais pour l'humilier, pour la chasser honteusement. — On sait le reste. La malheureuse fille, ne pouvant ni s'absenter, ni interrompre ses travaux, exécute son crime toujours de la même manière; puis on le découvre, toujours par les mêmes moyens, qui ne changent jamais.

Mais supprimez deux ou trois circonstances amenées nécessairement par l'état de domesticité et le manque d'argent, et le crime ne serait pas découvert, puisque c'est par ces circonstances qu'on le découvre; il est donc évident que ce nombre si effrayant d'infanticides déférés à la justice n'est qu'une très-petite partie de ceux qui se commettent.

Pour éviter l'infanticide et l'avortement, il faudrait changer beaucoup de choses dans les mœurs et dans les usages; il faudrait que ce fût le trompeur et non l'abusée sur qui tombât le déshonneur et l'abandon.

Il faudrait qu'une fille abusée qui accepterait courageusement les devoirs nouveaux qu'une imprudence lui a fait assumer, qui se dévouerait à élever, en travaillant, la pauvre petite créature qu'elle mettrait au monde, et à qui elle devrait servir de père et de mère, que cette fille, dis-je, ne fût pas humiliée, repoussée et chassée.

Il faudrait qu'on ne permît pas aux hommes d'enlever aux femmes toutes les professions lucratives, même celles qui s'exercent au moyen de l'aiguille.

Si vous désespérez de parvenir à ce double résultat, il faut non-seulement ne pas fermer les tours, mais rouvrir bien vite ceux qui sont fermés, mais en ouvrir d'autres, mais multiplier les garanties de mystère autour de cette chrétienne institution ; car personne n'oserait démentir cette proposition que j'ai formulée pour la première fois il y a vingt ans : partout où ces faux et féroces philanthropes ont réussi, soit à faire fermer les tours, soit à en ôter le mystère, il est arrivé qu'on a mis beaucoup moins d'enfants dans les tours, mais beaucoup plus dans les rivières et dans les égouts.

Ce sera une honte, entre les autres, pour ce pays et pour cette époque, que cette question ait été agitée, et surtout qu'elle l'ait été si longtemps; — car je ne suppose pas un moment qu'elle puisse être résolue contre les tours.

XX

LE HÉROS DE L'ÉPICERIE.

Le sieur Lacour, épicier, se fût montré un homme supérieur, n'importe où le hasard l'eût fait naître, — *primus inter pares;* — il est né épicier; eh bien, il s'élève au-dessus des autres épiciers comme le chêne s'élève au milieu des bruyères, *humilesque myricæ;* comme l'aigle s'élève au-dessus des oiseaux que son appétit a destinés à un de ses repas.

Le sieur Lacour, épicier donc, mais quel épicier ! avait loué un caveau appartenant à un herboriste appelé Jeanne. On avait assez longtemps débattu le prix de la location. M. Lacour avait fini par céder en disant :

— Au moins, pour cimenter nos bonnes relations, vous me donnerez votre pratique.

— Volontiers, avait répondu le naïf herboriste.

Une fois en possession du caveau, le sieur Lacour

eut quelque regret de son marché; le caveau était petit, le loyer était gros; mais un homme supérieur a au plus haut degré le mépris de la sagesse rétrospective. Il y a des gens qui passent la seconde moitié de leur vie à raisonner sur ce qu'ils auraient dû ne pas faire pendant la première, qui gémissent en marchant à reculons à propos des chutes qu'ils ont faites sur ce chemin qu'ils regardent d'un œil humide, ce qui les empêche de voir les ornières et les trous de la route qu'ils ont encore à faire. L'épicier Lacour n'est pas un de ces gens-là, il cherche un moyen de rendre le caveau plus grand et de le payer moins cher.

Je dis *un* moyen, et je le dis avec intention; les œuvres de la nature et celles des hommes de génie se distinguent par la sobriété, par la simplicité des moyens; l'épicier Lacour chercha donc *un* moyen qui pût lui rendre les deux services dont il avait besoin, et, pour les hommes forts qui ne sont pas entravés par de puérils préjugés, chercher, c'est avoir trouvé plus d'à moitié; dans tout bloc de marbre, il y a une statue : il s'agit de la débarrasser de ce qu'il

y a de trop ; à tout labyrinthe il y a une issue : il
s'agit d'avoir le fil d'Ariane ; — notre épicier avait le
fil ; pardon de ce jeu de mots, ô lecteurs! mais il est
venu tout seul, il sort des entrailles du sujet; peut-
être l'effacerai-je avant de livrer ce feuillet à l'im-
pression.

Agrandir le caveau, c'était simple, cela ne demandait ni imagination ni esprit; le dernier des acadé-
miciens l'aurait trouvé. L'épicier Lacour prit une
pioche et une pelle, et il creusa son caveau de trois
pieds. Le premier point était accompli, il n'y avait
plus qu'à porter dehors la terre jaune du caveau, qui,
laissée en tas, ne donnerait pas plus de place qu'au-
paravant. Il fallait qu'on ne vît pas sortir cette terre ;
il n'y avait pas moyen de la manger comme fit Arthé-
mise des cendres de son mari. L'épicier Lacour fit
mieux, il résolut de la vendre à l'herboriste Jeanne,
et alors les deux buts étaient atteints d'un seul coup
et même dépassés : la terre retirée agrandissait le caveau, la même terre vendue à Jeanne diminuait d'a-
bord le prix du loyer; puis enfin, le loyer diminuant
à mesure que le caveau s'agrandissait, l'épicier La-

cour arrivait bientôt à ne plus rien payer, puis enfin à gagner sur le loyer et à se faire un revenu du caveau que lui louait Jeanne. Mais comment aller dire à Jeanne: « Voulez-vous m'acheter de la terre jaune? » Jeanne n'en achèterait pas, ou, s'il en prenait pour répandre sur le sol de sa boutique, il en prendrait fort peu, et ne la payerait pas cher.

Je vous ai dit que l'épicier Lacour était un homme fort; il se dit : « Jeanne achète en gros ce qu'il revend en détail. Quelles sont les choses jaunes que Jeanne achète et vend?... Jeanne achète et vend de la farine de lin pour faire des cataplasmes, et de la farine de moutarde pour faire des sinapismes. Ces deux farines, produisant des effets si contraires, sont toutes deux jaunes; il s'agit donc de vendre la terre du caveau comme farine de lin et comme farine de moutarde, — et surtout de la vendre au prix de la farine de moutarde et de la farine de lin. »

Et Lacour vendait à Jeanne son propre caveau en gros, lequel Jeanne le revendait en détail à des malades qui, au lieu de cataplasmes émollients ou de sinapismes révulsifs, ne mettant que des cataplasmes et des sinapismes de caveau, souffraient comme des damnés ou crevaient comme des outres.

— Cependant, a répondu agréablement Lacour à ses juges, personne ne se plaignait !

Je le crois, — surtout des derniers ; mais, ainsi que disent, le rudiment, au futur, d'un personnage resté inconnu, et les bourgeois, au prétérit, de l'empereur Napoléon, *sua eum perdet ambitio*, — « son ambition l'a perdu, » — l'épicier Lacour ne sut pas s'arrêter : il vendit du caveau à ses propres pratiques, il en vendit comme farine de lin et farine de moutarde ; il est élémentaire de penser qu'il en vendit pour tout ce qu'on vend de jaune, la cassonade, le miel, etc. — D'ailleurs, c'est un procédé connu et tombé depuis longtemps dans le domaine public. De plus, il vendit du caveau à faux poids ; la plupart des gens ne s'aperçoivent pas ou ne s'inquiètent pas qu'on leur vende de mauvaises denrées, mais ils veulent, ils exigent leur poids, fût-ce du poison.

Il s'éleva des plaintes : le caveau n'était pas très-émollient, il n'était pas non plus très-piquant ni très-sucré, selon le rôle qu'il avait à jouer. Cela aurait passé, mais il fut trouvé léger; un commissaire fut averti, trouva Lacour dans son caveau devenu caverne, tant il en avait vendu.

Par suite de quoi, Lacour a comparu devant la police correctionnelle; là, il a établi qu'il mêlait à la terre du caveau un peu de la denrée sous le nom de laquelle il la vendait, — c'était du caveau sophistiqué. — Pour ce qui est des faux poids trouvés en sa possession, il a prétendu qu'il s'en servait pour ses mélanges. Se trompait-il donc lui-même?

Enfin, il a affirmé que, malgré ces mélanges, il ne pouvait encore donner les susprétextées denrées au même prix que plusieurs de ses confrères; ce qui le porte à croire qu'ils mêlent à la terre du caveau quelque autre matière moins précieuse, de la fausse terre de caveau, peut-être.

Malgré cette défense, le tribunal a condamné l'épicier Lacour à six mois de prison et cinquante francs d'amende.

Cette condamnation, plus sévère que les condamnations ne le sont d'habitude en semblable matière, prouve qu'il faudra bien en venir à ce que je demande depuis vingt ans. — « L'épicier qui vole l'acheteur est un voleur, comme l'acheteur qui vole l'épicier; son action s'appelle un vol et est punie comme telle. » On a fait bien des pas depuis vingt ans ; je crois que mes bourdonnements y ont été pour quelque chose ; si la mouche du coche avait été une guêpe, elle aurait activé la marche des chevaux.

XXI

LE JARDINIER SE TRAHIT.

J'ai quelque raison de penser que, parmi mes respectables lecteurs, il se trouve un certain nombre de jardiniers, d'agriculteurs et d'amis de la nature et de ses productions.

Je demande pardon à ceux qui n'ont pas ces goûts ou n'ont pas fait ces études, des quelques feuillets que je vais consacrer à un ou deux sujets qui intéressent l'agriculture et les jardins.

Cependant je vais plaider en peu de mots les circonstances atténuantes que comporte la situation.

Mes amis connus et inconnus savent mon amour pour les îles; je le leur ai avoué dans les récits intitulés *Roses noires et Roses bleues*. Et, si quelqu'un d'eux se trouvait embarrassé d'une petite île et qu'il voulût me la céder à un prix raisonnable, il y aurait peut-être moyen de s'entendre à la satisfaction des parties contractantes.

J'ai donc beaucoup lu dans mon enfance *Robinson Crusoé*, et j'ai été particulièrement frappé de la religion de Vendredi. « Nous regardons, dit-il, le soleil, la mer, le ciel, les cocotiers, et, étendant les bras, nous disons : « Oh ! »

Je n'ai aucune raison de cacher que ces courtes cérémonies religieuses ont toujours été fort de mon goût, et que, sans la musique de l'orgue et l'autre musique des vitraux, l'une enchantant les oreilles, l'autre enivrant les yeux; sans quelque goût que j'ai pris en Normandie pour les belles églises gothiques, je n'aurais guère hanté d'autre église que cette grande, universelle et sacrée église à la voûte bleue, où Dieu est toujours présent et peut être adoré à toute heure.

La chaleur féconde du soleil, la mer immense, les beaux arbres, les prairies, les fleuves rapides et les ruisseaux fleuris et murmurants, les voix de la brise et de l'eau, les parfums des fleurs et des feuillages, le ciel profond et limpide, les splendeurs ardemment colorées du matin et du soir m'ont toujours rempli l'âme d'une ivresse sereine, et, comme Vendredi, levant les bras et la pensée au-dessus de ma tête, je dis : « Oh ! »

Ensuite, que de cette grande, noble et incessante contemplation qui berce l'âme, on descende, pour le bonheur de l'esprit, aux détails de la création, que l'on étudie les mystères de la végétation des plantes et des fleurs, les mœurs des plus petits d'entre les insectes, on acquiert des goûts et des habitudes qui ont le privilége de nous accompagner doucement jusqu'à la fin de la vie, contrairement à nos autres passions, à nos autres goûts qui nous abandonnent en chemin et nous laissent finir seuls, isolés, désespérés, la route qui nous a été infligée.

Parlons maintenant des deux sujets que j'avais dans l'esprit de traiter en commençant ce chapitre.

La vigne est encore malade, l'*oïdium* disparaît sur un point pour reparaître sur un autre. Dans le pays que j'habite depuis six ans, la maladie a sévi plus cruellement cette année que l'année précédente.

Eh bien, il est une variété de vigne que je n'ai jamais vue recevoir la moindre atteinte de l'*oïdium*; elle n'est pas inconnue des collectionneurs, mais elle est fort peu répandue ; son nom me la fait supposer originaire d'Espagne. Elle s'appelle ici, comme dans les collections, vigne *Isabelle*; je n'en connais pas beaucoup qui aient une croissance aussi rapide, je n'en sais pas une qui soit d'un aussi bel aspect : ses feuilles sont, par-dessous, d'un blanc glauque et arrivent à une largeur inusitée, — rien ne fait aussi vite des tonnelles ombragées ; — le raisin est noir, et *fleuri* d'une poussière blanchâtre comme la prune de *Monsieur*; son goût est bizarre ; quelques personnes l'aiment de préférence à tous les autres raisins; d'autres personnes, après l'avoir trouvé agréable aux premières grappes, ne tardent pas à s'en fatiguer; c'est un goût de framboise très-prononcé.

Cela est le premier des deux sujets que j'avais à traiter. Passons au second.

Un des plus beaux végétaux connus est le roseau à feuilles panachées (*arundo donax foliis variegatis*). Je l'ai aimé pendant longtemps avec toute l'ardeur des passions malheureuses.

Il est plus délicat que l'autre et ne supporte pas, je crois, les hivers de la plus grande partie de la France à l'air libre; une fois qu'il est fort, on peut le cultiver facilement comme les dahlias, ou mieux encore comme les balisiers (*cannacorus*); on peut couper les tiges et planter les souches dans l'orangerie ou la serre tempérée où elles passeront l'hiver; et, d'ailleurs, ne vécût-il qu'en serre, ce serait encore un des beaux ornements de la serre.

Mais voir les souches devenir fortes, là est le point difficile; presque tous les catalogues des pépiniéristes, des fleuristes, etc., l'annoncent au prix assez modéré de deux francs, et, quand vous le demandez, vous recevez un petit sujet de la grosseur d'une paille de seigle, — quelquefois, mais rarement, de celle d'une plume d'oie.

Aussi jeune, aussi faible, l'*arundo donax* craint le froid, craint l'humidité, et on ne le conserve que très-difficilement.

J'en avais demandé à tout l'univers; quelques-uns ne le possédaient que sur leur catalogue, d'autres m'envoyaient des sujets si petits, que, quinze jours après, ils avaient *fondu*.

Je m'adressai deux fois à mon excellent ami Pépin, le directeur des cultures du Muséum de Paris; deux fois, je perdis les petits échantillons que ses moyens, très-restreints en fait de roseaux panachés, lui avaient permis de me donner.

Je demeurai triste, humilié, découragé et intimidé; cependant je ne me décidais pas à ne pas contempler ces belles et longues feuilles si diversement rayées et rubannées; j'en parlai un jour à Victor Paquet.

Victor Paquet était une figure intéressante; il avait été garçon jardinier, *rouleur de brouette*, comme il le disait avec un peu d'orgueil, au Jardin des Plantes; il avait employé une partie de ses nuits à s'instruire, et il était arrivé à un degré qui, atteint rapidement, c'est-à-dire en gravissant tout droit la falaise à pic, au lieu de prendre des sentiers adoucis en zigzag, lui avait un peu donné le vertige. Il a, pendant plusieurs années, publié une revue horticole qui n'était ni sans mérite ni sans intérêt, mais où régnait un ton âpre et un peu rogue provenant du vertige dont je disais tout à l'heure les causes.

Il a mis au jour plusieurs travaux, et obtenu, tant pour ces travaux que pour des produits de ses cultures, plusieurs médailles et récompenses honorifiques à diverses expositions.

Il avait soulevé des inimitiés, autant par certaines investigations et certaines révélations légitimes et honnêtes que par le ton agressif et les allures chagrines et malveillantes de sa plume.

J'ai su, depuis, qu'il s'est brûlé la cervelle ; je n'ai pas su les causes immédiates de cet acte de désespoir.

J'allai donc un jour confier à Victor Paquet mon chagrin de ne pouvoir posséder une touffe d'*arundo donax foliis variegatis*.

— Vous qui courez tous les jardins, lui dis-je, révélez-moi où je pourrais acheter une forte touffe ; comme au Muséum on ne me laisserait pas payer, je ne puis trouver trop faibles les pieds que l'on me donne.

— Je vais faire un voyage d'exploration dans les jardins, répondit Paquet, et, dimanche prochain, je vous rendrai réponse.

Le dimanche suivant, il vint déjeuner avec moi.

— J'ai tout visité, me dit-il; nulle part vous n'aurez mieux qu'au Muséum. Mais il y a un moyen : écrivez-moi vos chagrins, je ferai imprimer votre lettre dans ma revue horticole; et, s'il y a dans un fond de province quelque amateur riche et cependant généreux, je suis certain que vous recevrez votre affaire.

Je suivis son conseil, et, accroupi dans un coin de la feuille horticole comme un pauvre à goupillon à l'entrée d'une église, je demandai l'aumône d'une touffe de roseau panaché.

Paquet ne s'était pas trompé, sa revue était très-répandue; une semaine s'était à peine écoulée, que j'avais reçu, de Paris même, une petite caisse avec une jolie touffe d'*arundo*.

J'écrivis à Paquet : « Je vous remercie, mes vœux

sont comblés; transmettez mes remercîments à mon bienfaiteur. »

La semaine suivante, j'en reçus trois touffes de la banlieue; la semaine suivante, huit des départements. Au bout du mois, un camion des Messageries, alors royales, vint du Havre à Saint-Adresse, portant une énorme caisse; cette caisse, ouverte, contenait deux ou trois touffes immenses, une forêt d'*arundo donax!* Je fus émerveillé : les roseaux avaient cette vigueur exubérante des plantes sauvages, des bourgeons gros comme deux fois le pouce. La caisse venait de Parme; le port, y compris le camion, coûtait quarante et un francs.

Cela me donna à réfléchir; j'additionnai le port des autres envois, qui, peu importants, avaient passé inaperçus; j'avais pour une centaine de francs d'*arundo,* dont je n'avais payé que le port. — J'étais comme l'élève du sorcier du poëte allemand : il a surpris le secret de son maître pour se faire obéir des esprits invisibles; il a besoin d'une cruche d'eau, il leur ordonne de la lui aller chercher à la rivière; on lui apporte une cruche d'eau, il la fait verser dans la fontaine; puis viennent deux cruches, quatre cruches; la fontaine déborde.

« C'est assez! » s'écrie-t-il; mais les esprits apportent toujours de l'eau. La chambre est inondée; il monte sur une table en criant : « Assez, assez ! » Mais s'il sait la formule pour faire apporter l'eau, il ignore celle pour faire cesser ce manége. Monté sur la table, il a de l'eau jusqu'aux genoux; il crie, il prie, il pleure; mais les esprits apportent toujours; par suite de quoi, la ville est submergée et remplacée par un lac où on pêche aujourd'hui d'excellentes carpes.

Mon affaire n'alla pas jusque-là; mais je dus écrire une seconde lettre dans la revue horticole avec cette épigraphe :

Claudite jam rivos !... sat prata bibere.

L'hiver d'après tua tous mes *arundo*; je les avais tous mis en pleine terre et je n'en avais rentré aucun; j'avais fini par croire sottement que c'était seulement la faiblesse des touffes qui rendait la plante délicate.

Je viens donc de vous entretenir de la beauté et de

l'invulnérabilité de l'immaculée vigne *Isabelle*, et de la beauté du roseau panaché.

Jusque-là, c'est innocent; mais, sous les larges pampres de la première, derrière les touffes serrées du second, se cache le jardinier niçois — *avidus colonus* — le paysan avide.

J'ai des vignes *Isabelle*, j'ai des touffes d'*arundo donax foliis variegatis*; j'en ai et j'en fais, j'en fais et j'en vends.

Je vends la vigne *Isabelle*, plant enraciné, 2 francs, et le roseau panaché, en fortes touffes, 2 francs, emballage et port à la charge des acquéreurs (*formule d'usage*).

Pour cette fois, je vous fais grâce du reste du catalogue.

XXII

LES FOURREURS, LES BÊTES FÉROCES, LES AUVERGNATS ET LES LAPINS.

Il y a passablement de temps déjà que je ne crois plus guère aux hommes; mais il est une autre croyance dans laquelle je n'avais jamais été ébranlé : je croyais aux bêtes féroces.

Eh bien, je n'y crois plus.

Autrefois, quand je voyais, l'hiver, les femmes passer dans la rue, — en toute saison, les cuirassiers et les dragons résonner sur le pavé, et les juges s'asseoir sur leurs fauteuils; — en regardant les peaux qui entourent le bas du casque des militaires, les manchons, les vitchouras, les pelisses, les palatines, les boas des femmes, les pièces d'hermine des magistrats, je pensais aux dangers que courent, pour l'ornement de ces trois classes de personnes, les chasseurs d'ours, de tigres, de panthères, de chamois, de renards, et aussi aux rhumatismes auxquels s'exposent ceux qui attendent à l'affût les cygnes, les grèbes, les martres, les loutres, les castors, etc.

Cela donnait une sorte de poésie à ces trois variétés de citadins ; je me représentais le casque des cuirassiers, sous forme de tigre, répandant la terreur ; les culottes et les gants des gendarmes franchissant les pics neigeux, etc.

Erreur ! erreur ! un procès vient de m'enlever cette illusion : il n'y a pas de bêtes féroces, il n'y a pas de tigres, de panthères, de renards bleus ou isotis, de renards rouges ou blancs ; il n'y a pas d'hermine ni de martre ; il n'y a que des lapins.

C'est la *Gazette des Tribunaux* qui vient de me l'apprendre à propos d'un procès qui a été jugé ces jours-ci, par-devant le tribunal de commerce de la Seine, sous la présidence de M. Houette.

Il s'agissait de coalition d'ouvriers.

J'ai fait souvent remarquer que presque toujours les coalitions d'ouvriers arrivent à la suite d'une coalition de maîtres ; la cause en question m'en paraît un exemple de plus.

Je disais donc tout à l'heure, il n'y a pas de bêtes

féroces, il n'y a que des lapins et des fourreurs; il faut ajouter des lustreurs et des bêtes non féroces, mais débonnaires, qui, comme moi, croient aux bêtes féroces.

M'est avis que les fourreurs et les lustreurs auraient mieux fait de laver leurs peaux de lapin en famille, que de porter les choses, à la fois, devant les tribunaux et à la connaissance du public.

Voici ce qui a été révélé :

Il faut encore que je rectifie mon assertion et ma liste des personnages. Pour faire des peaux de bêtes féroces, prenez d'abord des bourgeois crédules, des fourreurs, des lapins, des Auvergnats et de la noix de galle. Mêlez le tout — *misceatur secundùm artem* — et vous aurez des peaux de tigre, de léopard, de panthère, de chamois, de renard bleu, rouge et blanc.

Cette métamorphose se faisait, de temps immémorial, pour le prix de trente-cinq francs par cent de peaux de lapin.

Les fourreurs s'entendaient pour ne pas augmenter le prix; les Auvergnats lustreurs se sont entendus pour l'élever; *indè iræ*, de là le papier timbré.

— Vous vous conduisez comme des tigres ! disaient les Auvergnats aux fourreurs.

— Et vous comme des renards ! répondaient les fourreurs aux Auvergnats.

Le tribunal a dit :

— Il n'y a ni tigres, ni renards, il n'y a que des peaux de lapin, et des Auvergnats qui ne sont pas sortis de leur droit.

Donc, les lapins se changeront toujours, comme par le passé, à la volonté des Auvergnats, en tigres, en panthères, en renards, en hermines, en chamois, à la façon dont les citrouilles et les chats se changeaient, sous la baguette de la marraine de Cendrillon, en carrosse et en chevaux gris pommelé.

Seulement, ce sera plus cher — et c'est le consommateur qui payera.

A propos, est-il bien sûr qu'il y ait même des lapins ? Il n'y a peut-être au fond que des chats.

Bêtes fauves, — lisez : bêtes *fausses*.

XXIII

AUX SOLDATS DE LA PLUME.

Il y a eu de tout temps des races proscrites, maudites, haïes et persécutées. Les juifs sont un exemple curieux d'un sort pareil. Disséminés sur la surface de la terre, objet des tyrannies les plus violentes, les plus arbitraires, les plus grotesques quelquefois : — ici, obligés à des costumes bizarres ; là, soumis à des impôts exorbitants, — ayant contre eux toutes les lois et n'en ayant aucune pour eux ; — eh bien, les juifs ont survécu, les juifs existent, les juifs sont puissants.

Parce que les juifs se sont fait un lien de la haine universelle, et une puissance de ce lien ; parce que, de ce peuple divisé à l'infini, une même persécution a fait toujours un seul et même peuple ; parce qu'ils ont lutté contre la haine des autres par l'amour entre eux ; parce que les attaques sans relâche ont été pour eux ce qu'est l'attaque du loup pour les moutons épars, — ils se sont serrés les uns contre les autres.

Entre les parias de tous les temps, il est juste de compter les écrivains et les artistes. Les écrivains sont ceux pour lesquels il y a le moins d'indulgence à espérer. J'en ai déjà expliqué, je crois, la raison. Chacun peut se dire : « Et moi aussi, j'aurais été un grand peintre, un grand musicien ; mais je n'ai pas appris. » Tandis que tout le monde a un peu appris à écrire, tout le monde a la prétention de parler et d'écrire au moins passablement.

Une des formes de la haine contre les écrivains est incontestablement l'admiration violente des morts, au moyen de laquelle on rabaisse infatigablement les vivants. — Ces morts ont été accablés en leur temps sous l'admiration de leurs prédécesseurs.

Mais cette haine s'est trompée ; à force d'élever les écrivains morts pour vexer les écrivains vivants, elle a fini par faire de la plume une grande et réelle puissance à laquelle, quoi qu'on en dise, il faut bien faire participer un peu toute la gent porte-plume, du moins ceux qui passent pour avoir quelque talent.

Depuis plusieurs siècles, tout ce qui a été détruit, tout ce qui a été créé, a été détruit ou créé directement ou indirectement par la plume, c'est-à-dire par la pensée. La pensée comprimée a une tout autre puissance que la poudre, que la vapeur, que l'air. Elle est dans le monde moral ce qu'est l'électricité dans le monde physique ; bien plus, la pensée a enchaîné l'électricité ; elle l'a attelée à des voitures, elle lui ordonne de porter ses ordres aux plus grandes distances, et l'électricité obéit.

D'où vient que cette grande puissance ne sert nullement à ceux qui l'exercent? Les écrivains font la fortune et la puissance, et ils n'ont ni puissance ni fortune. D'où cela vient-il?

Je vais vous le dire.

Cela vient de la haine bête et envieuse que vous avez presque tous les uns contre les autres.

Sans cette haine qui divise la massue en allumettes, votre puissance serait telle, qu'elle serait dangereuse, et que toutes les libertés devraient exiger de vous des garanties.

Sans cette haine, sans cette envie, vous seriez tout; avec cette haine, avec cette envie, vous n'êtes rien. Vous ne bénéficierez même pas de votre avilissement et de votre aplatissement; car on vous hait pour toute la puissance que vous pourriez avoir, et on vous manifeste cette haine sans crainte, parce que vous ne l'avez pas.

Notez bien ici que je ne parle pas politique. Ailleurs et en autre temps, j'ai dit en politique vos erreurs, vos injustices, vos excès; je vous ai avertis des dangers que vous couriez, et j'ai prévu ce qui vous arriverait. Je le répète, je ne fais ici aucune allusion politique; je ne parle que des relations entre les écrivains et les autres hommes, entre les écrivains et les bourgeois, si vous voulez.

Avec cette grande puissance dans les mains, quelle est votre situation ? Seuls entre tous les hommes, vous ne pouvez jamais acquérir la propriété réelle et complète de vos œuvres. Les livres de Molière, de Corneille, de Lamartine et de Hugo n'appartiennent à leurs familles que pendant quelques années; mais, s'il plaît à un épicier hardi de faire avec ces mêmes livres des sacs et des cornets de papier, cela devient une propriété sérieuse, inattaquable, immortelle; l'épicier la léguera à ses enfants, petits-enfants, arrière-petits-enfants et descendants jusqu'à la fin des siècles.

Si, vingt ans après la mort de Hugo, il plaît au fils de l'épicier de faire imprimer les œuvres du poëte et de les vendre à son bénéfice, les enfants de Hugo n'ont rien à y voir; mais que, vingt ans après la mort de l'épicier, les descendants des fils ou de la fille de Hugo prennent à quelqu'un des descendants de l'épicier un des sacs sacriléges que l'ancêtre de ceux-ci aura faits avec quelque belle ode de Hugo, — ils auront affaire à la justice, à la loi, à la gendarmerie.

Pourquoi cela? Je vais encore vous le dire : c'est que, si l'un d'entre vous, aidé par les événements, devient par hasard riche, grand et puissant, tous les autres deviennent ses ennemis; c'est que lui-même, usant de représailles, renie son passé, repousse du pied et brise l'échelle qui lui a servi à parvenir au sommet, et ne fait rien pour la littérature.

C'est que, lorsqu'un jeune homme commence à

écrire, les premières lignes que trace sa plume inhabile sont des insultes, des calomnies contre les gens de talent et de génie, qu'il veut remplacer tout de suite.

C'est que vous fabriquez et vous aiguisez sans cesse vous-mêmes des armes dont on se sert contre vous.

C'est que vous êtes une armée folle, ivre, indisciplinée, dont les derniers rangs tirent sans cesse par derrière sur les premiers.

C'est que, si, en France, on ne sait pas mépriser, — ce qui est un des grands défauts du caractère français, — en revanche, et par une conséquence plus directe qu'elle n'en a l'air, on ne sait pas admirer.

C'est que chacun de vous vient en aide contre les autres, à la haine envieuse et acharnée de la médiocrité; vous savez bien que, si on dit d'un portier : « C'est un voleur, un infâme, un débauché, un incestueux, etc., » l'auditeur demandera des preuves, et dira : « Ce n'est peut-être pas vrai. » Mais imaginez contre un grand génie, contre un grand talent, contre un grand caractère contemporain les saletés les plus odieuses et les plus invraisemblables, personne ne demandera de preuves, personne n'émettra un doute ; ça se colporte, avec des *on dit, il paraît que*, etc. — C'est si doux au vulgaire de se dire : « Je n'ai pas de génie, mais je ne suis pas un brigand, comme tel qui fait de si beaux vers, comme tel qui a fait une si belle action. »

Tout aspirant écrivain débute par *éreinter* Hugo, Lamartine ou Dumas, c'est-à-dire par essayer de jeter de la boue sur ces verts et fleuris diadèmes que mettent la poésie et le génie sur les têtes préférées. J'ai mauvaise opinion de l'avenir et du talent du jeune homme qui ne débute pas par l'excès contraire, par un peu d'idolâtrie pour les maîtres.

D'autres, — et à ceux-ci je leur parle amicalement, et je désire avoir pour eux une voix persuasive et fraternelle, parce qu'ils ont, eux, de l'esprit et du talent, — d'autres ont fait des portraits chargés de la jeunesse des écrivains et des artistes.

Ils ont été séduits par le succès légitime qu'ont obtenu, avant eux, des peintures vraies et hardies de cette riche époque de la vie où l'on est pauvre, mais où il s'exhale tant d'amour du cœur, tant de poésie du cerveau.

De cette jeunesse qui donne tant de saveur aux fruits âpres des haies, tant de grandeur et de parfum à l'amour de la première venue; mais ils ont oublié que ces figures qu'on a aimées étaient celles de gens pauvres, mais propres, mais honnêtes, mais généreux, ayant de trop ce qu'il faut avoir de trop à vingt ans, sous peine de ne pas avoir assez à quarante; de gens qui buvaient de l'eau, mais en gardaient pour se laver les mains; qui avaient des dettes, mais des dettes de pauvres, des dettes de volés, et non des dettes d'aigrefins et de voleurs; que, dans leurs amours, dans lesquelles la femme aimée n'était souvent qu'un prétexte, ils étaient trompés, mais non complices; qu'ils prenaient sottement et honorablement des drôlesses pour des vierges immaculées, mais qu'ils n'auraient jamais fait de lâches concessions aux sales industries de ces créatures, et qu'ils auraient frémi d'horreur et de dégoût à l'idée de s'y associer, même par l'indifférence; qu'ils se rappellent bien comment ils étaient eux-mêmes, les jeunes écrivains dont je parle, — car ils ont, je le répète, de l'esprit et du talent, et, quoi qu'en dise le vulgaire, cela germe et végète mieux dans un cœur honnête, — et qu'ils regrettent un peu, pour ces publications qui ont mérité du succès par l'esprit et la verve, d'avoir fait dire aux méchants, aux envieux et aux niais : « Voilà comme sont ces gens-là. »

On s'est plaint de la camaraderie ; où est-elle? Je n'ai vu qu'attroupement de soldats indisciplinés qui demandent que l'un deux soit nommé caporal, et qui, lorsqu'on a obéi à leurs criailleries, se demandent : « Pourquoi celui-là plutôt que moi ? » et se réunissent pour étouffer celui qu'on a choisi.

XXIV

LE PRÉPOSÉ A LA CASCADE.

Un homme de ma connaissance, pendant un de ces jours de mauvais temps que nous n'avons pu cacher à l'univers envieux et attentif, me disait :

— Ah çà ! est-ce qu'il en est de votre soleil comme

d'une cascade que j'ai vue cet été auprès de Dresde ?

— Je vous répondrai quand vous m'aurez mis au courant de votre cascade.

— Entre Dresde et… j'ai oublié le nom, mais enfin sur les bords de l'Elbe, il y a un charmant petit pays qui mérite assez bien le nom de *Suisse saxonne*, que lui donnent les Allemands ; on y trouve des aspects pittoresques, des rochers bizarres, de frais ruisseaux où se jouent des truites exquises et, disent les guides imprimés et les guides humains qui les récitent, de « magnifiques cascades. »

» Je venais de passer l'hiver précédent dans le monde ; j'étais fatigué des mensonges, des faux semblants, des plaisirs artificiels ; je m'étais mis en route pour me reposer par le contraste, et c'est au spectacle des belles scènes de la nature que je demandais l'oubli des divertissements ennuyeux de l'hiver.

» Sur la foi des guides, je me mis en route pour les cascades de la Suisse saxonne.

» Après une marche assez rude et assez longue par d'âpres chemins, nous arrivâmes devant une masse de rochers qui laissaient suinter quelques gouttes d'eau.

» Le guide s'arrêta.

» Je le regardai avec étonnement.

» — Est-ce que nous sommes arrivés?

» — Oui, monsieur.

» — Et c'est là la fameuse cascade?

» — Oui, monsieur, c'est là la cascade.

» — Mais ça n'est pas une cascade; il faudrait un an pour remplir un verre de l'eau qui tombe goutte à goutte.

» — Attendez un peu, il faut que j'appelle l'homme.

» — Quel homme?

» — L'employé à la cascade. — Ohé ! Fritz.

» Fritz ne tarda pas à paraître.

» — Fritz, monsieur est un étranger respectable qui vient voir la cascade.

» Fritz tira une clef de sa poche et disparut derrière les rochers.

» Quelques instants après, une nappe d'eau argentée jaillit du haut du rocher et vint tomber écumante à nos pieds.

» Pendant que le Moïse dont la baguette avait fait sortir l'eau du rocher venait nous demander les quelques groschen, prix fixé pour faire jouer la cascade, plusieurs touristes pauvres ou économes attendaient là depuis deux heures que le hasard amenât un curieux opulent qui leur donnât le spectacle gratis.

» Maintenant que vous connaissez ma cascade, vous comprendrez ma question : « Le soleil de Nice » est-il comme la cascade des bords de l'Elbe? » Alors, dites-moi à qui il faut s'adresser pour le faire jouer? Où demeure l'homme employé au soleil?

Je cherchais une réponse très-piquante, et j'avais peu de chance de la trouver, dès l'instant que je la cherchais; le soleil, le vrai soleil vint me tirer d'embarras : il perça un nuage et

>   Versa des torrents de lumière
>   Sur son obscur blasphémateur.

— Ah! très-bien! me dit-il; c'est vous qui êtes l'homme.

Et, prenant sa bourse, il en tira quelques pièces de monnaie qu'il m'offrit gracieusement.

XXV

A PROPOS DE FRAISES.

Quand on devrait m'appliquer ces deux vers que je fis autrefois pour un autre :

> Il rassemble en lui seul Æneas et Virgile ;
> Poëte comme Homère, il est son propre Achille !

je veux raconter l'histoire de mes fraises.

Ce sujet bucolique doit se chanter en s'accompagnant de la flûte de paille d'avoine.

> *Gracili modulatus avenâ*
> *Carmen...*

Comme en beaucoup d'autres choses, depuis les commencements de la civilisation, le progrès a toujours marché ; mais les besoins marchent devant lui, et il ne peut que les suivre, comme Ascagne suit Énée, d'un pas inégal et restant un peu en arrière :

> *Non passibus æquis.*

A quelle époque remontent les prodiges accomplis par la musique, et dont je retrouve quelques-uns dans une vieille chanson adressée autrefois à une bien charmante femme ; — cela se devait chanter sur un air arabe avec une voix splendide et sympathique au plus haut point :

>Charmante Philomèle,
>   Tes chants gracieux
>Triomphent d'un rebelle,
>   Aux récits des vieux.
>Par ta voix, tu réveilles
>Ces douteuses merveilles
>Que toujours mes oreilles
>   Croyaient contes bleus.

>Arion qui se noie
>   Chante un petit air,
>Un dauphin le charroie
>   A sec sur la mer.
>   . . . .

>Quand les pierres dociles
>   Au luth d'Amphion,
>S'amoncellent en villes,
>   Belle fiction !
>   . . . .

> Orphée a charmé les âmes
>   Des tigres surpris ;
> Hors les méchantes femmes,
>   L'art a tout soumis.
> Ta voix, nid de fauvettes,
> Dompte et change en conquêtes
> Les plus méchantes bêtes,
>   Les plus fiers esprits.

Dans ce temps-là, la lyre d'Orphée et le luth d'Amphion étaient des écailles de tortue sur lesquelles étaient tendues quelques ficelles — *testudine cava ;* — la flûte était en paille d'avoine ou en roseau — *arundine.*

> Mais ta voix est sévère,
>   Et, comme l'écho
> De la trompe guerrière,
>   Abat Jericho,
> Orgueilleuses bouffées
> Impossibles trophées,
> Et beaux contes de fées
>   Tout croule d'un mot.

Certes, ces trompettes-là étaient également des instruments primitifs. Ce n'était ni le cor perfectionné par mon vieil et spirituel ami Meifred — ni toute la bruyante famille de Sax.

Et, pour se rapprocher de nous, quand on attribuait aussi des prodiges à la voix humaine :

> Lorsque ta voix égrène
> Ses perles, il faut
> Croire à cette marraine
> Du conteur Perrault.
> Sa filleule en extases
> Jetait au lieu de phrases
> Des rubis, des topazes.
> . . . .

A cette époque, je ne sais si on avait déjà le clavecin aigre et sautillant ; mais, à coup sûr, on n'avait jamais entendu parler ni de *do* de poitrine, ni de *contre-ut* ni de *contre-fa* et autres fadaises et contre-fadaises.

Aujourd'hui, on a des instruments admirablement perfectionnés par Érard et par ceux qui l'ont suivi on a des milliers d'immenses pianistes ; — je ne parle pas des grands pianistes, je ne sais pas compter jusque-là.

Ces pianistes sont aussi agréables pour le moins à voir qu'à entendre, tant ils font rapidement courir leurs doigts ; tant ils exécutent, avec ces dix doigts, de grands écarts, de trémoussements, d'entrelacements, etc.; tant ils prennent des airs inspirés, tendres ou terribles, suivant que le comporte le morceau d'un autre qu'ils jouent sur le piano.

Eh bien, ils ne tentent guère qu'un seul prodige, celui de persuader à quatre ou cinq cents personnes de venir les entendre ; et vous savez par quels moyens tristes, fatigants, en dehors de toute gamme, quelques-uns y réussissent, — et les autres n'y parviennent jamais.

Ne nous alarmons donc pas de l'instrument bucolique — de la flûte d'avoine — que j'ai donnée à la muse qui doit m'inspirer pour chanter l'épopée de mes fraises.

Chante, ô déesse, la colère du jardinier :

Μῆνιν ἄειδε θεά !

Je commence. *Incipiam*.

Il était une fois un jardinier qui par son art, *diviná Palladis arte*, avait dans son jardin, à la fin de février, de magnifiques fraises mûres ; — non pas de petites fraises sauvages, de ces fraises de bois perfectionnées qui fleurissent et fructifient une partie de l'année, —

mais de ces belles fraises pleines d'une eau fraîche et parfumée qu'inventa autrefois Gabriel Pelvilain, le jardinier de Meudon, et auxquelles il donna les noms de *duchesse d'Orléans* et de *comte de Paris;* des fraises énormes dont un avare pourrait offrir une tranche, de ces fraises qui ne donnent de fleurs et de fruits qu'au mois de juin.

A cette même époque se trouvait à Nice Sa Majesté l'impératrice douairière de toutes les Russies, qui a été, dit-on, extrêmement belle, et qui conserve sur son visage, avec les traces de cette beauté, une grande majesté unie à une extrême douceur qui la tempère d'une façon charmante...

Ah bien, voilà que j'oubliais de dire pourquoi je me suis décidé à raconter cette histoire de mes fraises. Muse, rappelle-moi les causes; dis-moi quelle divinité blessée force un homme célèbre par son culte pour la *paresse* à entreprendre ce travail.

Musa, mihi causas memora; quo numine læso
. . . .
Insignem pietate virum tot adire labores
Impulerit.

Cette divinité blessée qui m'oblige à écrire l'histoire de mes fraises, c'est tout simplement mon orgueil.

Et voici comment il se trouve blessé :

Les méchants, les ennemis, ont vraiment du bon. Ils ne sont pas appréciés à leur valeur, ils sont méconnus et incompris. Je me rends cette justice à moi-même que je leur ai toujours rendu justice à eux, que je n'ai jamais fait entendre contre eux de plaintes exagérées.

Outre que leurs hostilités et leurs ravages se bornent à casser quelques vitres, puisqu'ils n'entrent pas dans la maison comme les amis, on leur doit presque toujours, dans notre métier, ce qu'on fait de mieux. Je doute fort que le café divin que Mahomet réserve aux croyants et à leurs houris m'inspire jamais d'aussi bonnes lignes qu'une diatribe injuste, une attaque imméritée des éternels ennemis de la raison et de la liberté; je ne nomme personne ici, parce que je ne dois pas oublier que je suis en pleine épopée, et qu'il est des noms antieuphoniques qui ne peuvent entrer dans le poëme épique.

Il me revenait de tous les côtés, de seconde, troisième ou quatrième... langue, des phrases comme celles-ci :

— Il paraît que M. Karr a gagné bien de l'argent avec ses fraises.

Les fraises étaient belles — mais on les faisait bien payer.

On venait m'avertir des propriétés à vendre; on me *soumettait* des plans d'affaires destinés à tripler, à décupler *mes capitaux.*

Il y a quelques jours, une *dame* est entrée dans la boutique où se vendent les produits de ma ferme, et a demandé à la fille qui vend ces produits tout en filant :

— Est-il vrai qu'on ait vendu des fraises pour tant d'argent?

Voilà ce qui m'a induit en poëme épique; — c'est mon second : le premier était en vers latins, et il n'a jamais été que commencé; c'était *Guillaume Tell* qui m'avait fourni le sujet; — j'étais alors élève de troisième.

Revenons à nos fraises.

Les gens de la maison de l'impératrice se mirent en quête des moyens de ne pas la laisser mourir de faim ; ce qui, probablement, leur est expressément défendu.

Ils s'adressèrent à ma ferme pour quelques produits qui ne se trouvaient que là : des choux de Bruxelles que j'ai importés ici, les fameuses fraises, et des œufs frais ; — ce dernier point était un hommage rendu à mes vertus.

En hiver, les œufs sont moins rares à Nice qu'à Pétersbourg, à Londres, à Vienne ou à Paris ; cependant ils le sont encore ; de plus, la population étrangère et malade rassemble sur un point donné beaucoup plus de mangeurs d'œufs frais que sur tout autre point topographiquement égal.

Donc, on conserve beaucoup d'œufs frais en été au moyen de procédés artificiels connus partout.

Plus les œufs frais sont rares, plus ils sont chers ; plus ils sont chers, plus il est intéressant de vendre pour frais des œufs qui ne le sont pas.

Or, parmi ces œufs conservés, qui ne sont jamais aussi frais que ceux qui viennent d'être pondus, il s'en trouve qui ne le sont pas du tout, et quelques-uns qui sont si près d'être des poulets, qu'il serait plus logique de les faire rôtir que de les mettre dans l'eau bouillante.

Pour manger des œufs frais, il faut de la foi. J'avais l'honneur d'inspirer cette foi.

Je donnai l'ordre formel aux employés de la ferme de vendre à la maison de l'impératrice absolument comme aux bourgeois; ordre sévèrement surveillé et scrupuleusement exécuté.

Ici finit le premier chant du poëme; il renferme l'exposition. Ç'a été un peu long et un peu diffus; mais le poëme épique marche avec une longue robe traînante et d'un air majestueux; ça ne lui permet pas de courir. Je puis, d'ailleurs, m'appuyer de l'autorité d'un ancien: le poëte Antymacthus Colophonien, ayant entrepris un poëme sur la guerre de Thèbes, mourut après avoir déjà fait vingt-quatre livres; on n'était pas encore devant la ville.

Il y a à Nice deux habitudes très-enracinées; l'une se comprend avec explication; je ne suis pas bien sûr de comprendre l'autre: celle-ci consiste à entourer les propriétés de murailles hautes et épaisses, avec une crête ornée de tessons de bouteille, de telle façon que l'on se promène dans la plupart des chemins comme dans un très-long puits. Entre deux gros piliers s'élèvent des portes faites des plus forts madriers et bardées de fer; seulement, on ne ferme ces portes ni jour ni nuit. Après de longues réflexions dans mes courses entre ces tristes murailles, j'ai fini par découvrir que, fermées sur le grand chemin et protégées comme des forteresses, un grand nombre des mêmes propriétés sont complétement ouvertes et nullement garanties par derrière et sur les côtés; d'où j'ai dû conclure que ces murailles épaisses et ces portes formidables ne sont qu'un ornement et un luxe, nullement destinées à fermer la propriété, mais seulement à faire dire en passant : « Voilà de belles murailles ! » ou : « Ah ! les fameuses portes ! » Peut-être y a-t-il d'autres raisons de cet usage, mais voilà la seule que j'ai pu découvrir ou supposer jusqu'ici.

Le second usage, celui qui s'explique plus facilement, et qui tient au premier, est qu'on laisse les étrangers pénétrer et se promener partout. L'explication, la voici : à deux ou trois exceptions près tout au plus, personne n'habite et surtout ne cultive ses terres; elles sont confiées à moitié à des paysans; les maisons sont destinées à être louées aux étrangers; si par hasard les propriétaires les habitent pendant l'été, ils les quittent dès l'automne, pour les faire préparer et attendre « les familles, » expression consacrée.

De sorte qu'en visitant les propriétés, on ne s'immisce dans les habitudes privées de personne, on ne dérange personne, et l'on augmente les chances de louer les maisons ; ce qui explique surabondamment cette coutume hospitalière.

Mais c'est en même temps un très-grand inconvénient pour ceux qui n'ont rien à louer, qui veulent vivre retirés, libres et en famille.

Les étrangers, accoutumés à entrer partout, n'ont pas tous la discrétion de s'arrêter devant une demeure visiblement habitée, et, en se promenant chez soi, sans habit, la bêche ou la serpette à la main, on se trouve, au détour d'une allée, en face d'une tribu en parure; quelques-uns entrent à cheval ou à âne; d'autres font des bouquets, etc.; il en est qui vous adressent des lieux communs, auxquels on n'a à répondre que des banalités.

Le chez soi — le *at home* — n'est nullement respecté, même par certains Anglais qui y tiennent cependant chez eux et pour eux.

Depuis cinq ans, je cherche une formule pour me mettre à l'abri de ces invasions. J'avouerai à ma honte que je ne l'ai pas trouvée.

Un moment j'ai presque dit l'*euréka* d'Archimède.

J'ai fait graver sur une petite plaque de cuivre appliquée contre la porte ces mots : *Monsieur Karr*.

Il me semblait que cela voulait dire : « Ce n'est pas ici l'homme qui, par ses écrits et ses légumes, appartient au public; on trouve ses écrits chez les libraires, et ses légumes à sa boutique du jardin public. »

Ici demeure non pas Alphonse Karr, mais *monsieur Karr*, un bourgeois, un paysan si vous voulez; un homme qui travaille et qui, lorsqu'il ne travaille pas, sait très-bien ne rien faire ; un homme qui a et réclame le droit d'être tranquille chez lui, et de n'y voir entrer que des amis et quelques connaissances; non qu'il soit insensible à certaines marques de sympathie qui incitent certaines personnes, certains amis inconnus à vouloir le connaître; mais alors il demande le droit commun d'être consulté et compté pour quelque chose en cela, et d'être protégé par les usages institués par la politesse et le savoir-vivre.

Évidemment, tout cela est parfaitement contenu dans ces deux mots : *monsieur Karr*.

Mais savez-vous ce qui est arrivé? C'est que cela n'a été compris que par les gens qui ont appris ou deviné la vraie civilité, par les gens bien élevés ou bien nés, par les gens discrets et bienveillants.

C'est-à-dire que je n'ai été protégé que contre ceux qui ne me faisaient courir aucun danger, et dont plusieurs m'eussent été agréables à voir; les autres n'en ont fait aucun cas.

Ajoutez que la porte de la ferme est très-éloignée de la maison, et qu'il n'y a pas moyen d'aller ouvrir cette porte à ceux qui sonneraient, attendu que, la moitié du temps, on n'entendrait pas, et que, pour l'autre moitié, cela imposerait plusieurs kilomètres chaque jour aux gens qui seraient chargés de ce soin.

Chez soi! avoir un *chez soi!* avoir sur la surface de la terre un endroit quelconque, grand ou petit, où l'on puisse s'enfermer ; un endroit où l'on soit le maître de soi-même, un endroit où l'on puisse venir se reposer des tristesses, des déceptions, des mascarades du monde ; un endroit fermé dont on ait la clef dans sa poche, où on puisse être seul avec ses souvenirs, ses espérances, ses rêveries et parfois un petit nombre d'amis ; un endroit où, avec ceux qu'on aime, on soit à l'abri des regards malveillants ou curieux et des voix discordantes, dont on puisse faire, quand on veut, un paradis où l'on soit Adam avec toutes ses côtes ou avec une côte de moins, ou une île dont on soit le Robinson ; un endroit où, maître absolu, on puisse faire régner tout ce que l'on croit juste, bon, honnête, vrai et grand, où l'on puisse respirer quelques instants en dehors des lois, des trafics et des usages de la société.

O mon premier chez moi, si petit, si pauvre, si

vide de meubles, si plein de liberté et de bonheur, comme je me le rappelle !

C'était tout en haut d'une maison.

Au dehors, c'est-à-dire dans le monde, j'étais professeur. Je vendais du latin et du grec; j'étais timide, j'étais embarrassé. Entrer, sortir, parler, me taire, tout m'était une difficulté et un combat.

J'étais gêné dans mon rôle de professeur; on m'imposait des airs, des allures, des habits, des phrases.

Mais, rentré chez moi, je redevenais poëte, je redevenais amoureux, je redevenais libre. Je donnais l'essor à mes pensées captives tout le jour; j'étais seul avec quelques lettres et un portrait, et aussi avec les doux et poignants souvenirs et les riantes espérances. J'osais à peine dormir pendant ces heures où j'étais moi-même, dans la crainte d'en perdre quelques-unes, avant de recommencer le songe pénible de mes journées.

Je ressemblais au personnage appelé Lindor de ce conte de fées — *le Prince Dauphin* : — la nuit, il est un prince très-beau et très-élégant avec une plume blanche à sa toque, une tunique abricot et des bottes évasées ; la nuit, il est l'amant d'une princesse plus belle que le jour. Mais, le jour, il faut qu'il reprenne la forme d'un serin de Canarie, un oiseau un peu bête qui chante en cage, qui chante en toute saison, sans amour, sans raison, qui chante les airs qu'on lui apprend au moyen d'une manivelle dans laquelle on moud des mélodies comme on moud du café. Le jour, les chats essayent de glisser leur patte armée à travers les barreaux de sa cage et lui arrachent au moins quelques plumes ; on le prend sur le doigt, on l'appelle *fifi mignon;* on lui fait faire le mort dans le creux de la main ; on lui fait répéter les airs de la serinette ; on le nourrit de mouron et de colifichet. Mais, la nuit, il reprend sa tunique abricot, sa toque et sa plume blanche ; il mange des perdreaux truffés et boit du vin de Tokay avec la princesse, et il échange avec elle des paroles d'amour jusqu'à l'aube du jour suivant.

J'appuie un peu sur ce point du domicile pour faire comprendre ce qui va suivre, pour expliquer le sentiment sauvage qui me fait agir.

J'avais fait connaissance avec un Russe, mon voisin

provisoire ; il s'occupait de deux choses qui m'intéressaient vivement : de recherches microscopiques sur les amours des fleurs et de procédés pour enseigner à lire et à compter aux petits enfants sans les ennuyer ni les faire pleurer.

Il m'avait dit deux fois en causant d'autres choses :

— Je pense que Sa Majesté l'impératrice viendra quelque jour voir votre jardin.

La première fois, je lui avais dit :

— A vous parler franchement, j'aimerais mieux qu'elle n'en fît rien; elle passe pour la meilleure, la plus bienfaisante, la plus douce princesse du monde ; si elle devait rester à Nice, et que je fusse appelé à l'honneur de la voir quelquefois, il est plus que probable que j'en serais fort heureux; mais, pour la voir une fois, chez moi, je n'en retirerais qu'un peu d'embarras sans compensation. Certes, si Sa Majesté me fait connaître son intention de me faire cet honneur, je la recevrai avec tous les respects qui lui sont dus; mais, je vous le répète, mon cher prince, je préfère qu'il en soit autrement.

La seconde fois, comme il me disait : « L'impératrice

est allée dans telle maison, elle a visité telle propriété, etc., » je crus comprendre une chose assez singulière pour nous autres, Français, et qui n'étonne en rien, à ce qu'il paraît, les Russes, accoutumés à accorder à leur empereur l'autorité absolue et bienveillante d'un père sur ses enfants : je crus comprendre que Sa Majesté entrait, dans le cours de ses promenades, à l'improviste dans les jardins et les propriétés qu'on lui désignait comme offrant quelque objet d'agrément ou de curiosité.

J'essayai de faire comprendre à mon voisin combien cela était éloigné de nos coutumes, et je lui expliquai qu'en France, un roi ou un prince français ne seraient jamais entrés chez le plus humble des paysans sans lui en faire demander la permission.

— J'espère, ajoutai-je en souriant, que Sa Majesté l'impératrice est trop bien élevée pour venir chez moi sans me faire avertir de l'honneur qu'elle veut me faire.

Puis je n'y songeai plus.

Un jour, j'étais à travailler dans mon jardin avec

mes paysans, lorsque l'un d'eux, qui était placé près de la longue allée du milieu, me dit :

— Voilà qu'il entre beaucoup de monde.

— Décidément, dis-je, c'est insupportable ! il faut absolument que je trouve un moyen pour empêcher ces invasions.

Et je me retirai dans mon cabinet en songeant au moyen en question, que je cherche depuis cinq ans.

Il faisait un temps charmant, le plus beau soleil de printemps; j'avais bien le droit de maugréer contre les importuns qui m'enfermaient dans la maison.

Je pris un livre et j'allumai un cigare.

Pendant ce temps, voici ce qui se passait et ce que je ne sus que plus tard :

Sous une tonnelle garnie de passiflores, étaient assises trois personnes : l'une ma parente, l'autre la comtesse de M***, son amie, la troisième le prince O...ky, le voisin dont j'ai déjà parlé.

Tout à coup entre sous la tonnelle une vieille dame au visage noble, doux et mélancolique; ma parente se lève, fait deux pas au-devant d'elle, s'incline et attend; la dame la regarde ainsi que sa compagne, passe devant elles sans parler ni saluer, traverse le berceau et sort par une autre issue.

Un homme jeune suivait la vieille dame; comme elle, il regarde et passe sans saluer. Deux dames suivaient, elles regardent, ne saluent pas et traversent; puis deux autres, puis quatre autres... et ainsi de suite — quinze ou seize personnes.

Dès le commencement de ce défilé, ma parente s'était assise auprès de son amie; toutes les deux se retournent vers le prince O...ky pour lui demander s'il comprend. Elles le voient qui se lève, se met à la suite des autres, passe devant elles et sort de la tonnelle, suivi par le reste du cortége.

On peut deviner leur stupéfaction.

Le cortége était fermé par un homme qui, lui, salue; une de ces dames ne peut s'empêcher de dire à l'autre :

— Ce dernier monsieur paraît fort bien élevé.

Une paysanne accourt sous la tonnelle et dit :

— Mesdames, c'est l'impératrice !

Ni l'une ni l'autre n'avaient jamais vu Sa Majesté; elles changent de surprise, et restent assez interdites.

Pendant ce temps, un de mes amis qui était dans le jardin accourt à mon cabinet avec le prince O...ky.

— L'impératrice est dans le jardin ; descendez vite la recevoir.

— Sa Majesté, demandai-je au prince, a-t-elle au moins, de la porte, envoyé quelqu'un pour me prévenir?

— Non.

— Alors je ne suis pas prévenu, je ne suis pas chez moi, je suis sorti.

— Allons, mon cher voisin, ne plaisantons pas ; vite, descendez.

— Pas le moins du monde! Si Sa Majesté m'avait fait prévenir qu'elle désirait visiter mon jardin, je serais allé la recevoir à la porte de la ferme avec tous les respects qui lui sont dus comme femme et comme impératrice, quoique, nous autres Français, nous soyons si polis et si respectueux envers les femmes, qu'il nous est difficile d'y ajouter quelque chose pour les impératrices.

— Mais enfin pourquoi ne voulez-vous pas descendre? demande mon ami.

— Parce que je ne donne à personne au monde le droit d'entrer chez moi sans ma permission.

Le prince O…ky insista. Mon ami lui dit :

— C'est inutile ; maintenant, il ne descendra pas.

Et le prince O…ky alla se remettre à son rang dans le cortége.

Si je raconte ici cette histoire, c'est qu'elle a déjà été racontée de diverses manières et appréciée en sens contraires ; je dois, en ce cas, compte à mes amis connus et inconnus de la vérité et de mes raisons.

Certes, il n'y a eu de ma part ni rusticité trop grande ni outrecuidance ; j'ai eu occasion de voir plusieurs fois dans ma vie des *têtes couronnées ;* j'ai toujours été suffisamment respectueux ; je l'aurais été de même si Sa Majesté m'avait fait prévenir de l'honneur qu'elle voulait faire à ma ferme, comme je l'ai été pour une personne de la famille de Sa Majesté qui me fit, à cette époque, le même honneur. D'ailleurs, je n'ai nullement manqué de respect à Sa Majesté ; seulement, je n'ai pas voulu admettre en sortant de ma maison que l'on pût ainsi entrer chez moi sans mon autorisation.

Je n'ai ressenti ni gardé contre Sa Majesté aucun sentiment contraire au respect que je lui dois.

En général, je suis très-porté à aimer les rois et les princes, quand ils ne sont pas très-méchants ; et l'impératrice est, dit-on, un ange de douceur et de bonté. En effet, ces pauvres princes sont si tristement entourés, on étend entre eux et la vérité un si inexorable cordon sanitaire de mensonges et de basses adulations, qu'il faut qu'ils soient admirablement nés pour conserver de l'intelligence et du cœur.

Si nous étions élevés et entourés comme eux, nous serions, pour la plupart, des monstres d'orgueil, de méchanceté et de stupidité.

Je passe ici les détails d'une conversation que j'eus le même jour avec mon voisin ; j'avais alors appris les détails étranges du passage sous le berceau.

L'impératrice avait voulu voir un jardin où il y a beaucoup de fleurs, comme elle en avait vu beaucoup d'autres où il n'y en a pas. Personne ne l'avait avertie ; et, d'ailleurs, les personnes qui l'entourent étaient, il faut le dire, assaillies de demandes d'une faveur pareille. Un propriétaire de Nice demanda même raison à un excellent jeune homme qui avait l'honneur d'être un peu de la maison de Sa Majesté, de ce que sa propriété n'avait pas été visitée.

Dans tout cela, il ne se passa rien que de simple ; ce qui peut paraître singulier tient à des habitudes et à des mœurs différentes.

L'impératrice avait fait sa promenade et n'y pensait plus.

Mais, le soir, on en parla dans les salons de la résidence impériale ; des salons, l'anecdote, fort arrangée ou dérangée, descendit à l'office, et, le lendemain matin, quand ma paysanne arriva comme de coutume, portant sur sa tête la corbeille qui contenait les œufs et les fraises, on lui dit :

— Nous n'avons plus besoin de tout cela ; les fraises sont trop chères. Sa Majesté n'est pas assez riche pour en manger.

La pauvre fille revint en pleurant.

Je la consolai et défendis de rien vendre à l'avenir aux gens de l'impératrice.

Le premier jour, tout alla bien ; l'impératrice mangea des fraises comme de coutume ; seulement, elle en eut moins et elles étaient un peu moins belles.

Ceci est une autre histoire :

Le matin, de très-bonne heure, une énorme femme était arrivée avec une lettre d'une personne de mes amies; cette lettre me recommandait très-vivement « la brave femme, » à laquelle je pouvais rendre un immense service.

Ce service consistait en ceci :

Elle avait une fille qui était grosse et dont la grossesse était excessivement pénible. Cette fille avait toute sorte de caprices suivis de pleurs, de colères, de spasmes quand on ne pouvait les satisfaire; sa santé, déjà délicate, en était altérée.

Depuis quelques jours, une envie terrible, formidable, s'était emparée de son imagination.

Elle avait vu passer les fraises qu'on portait de chez moi à l'impératrice; elle voulait des fraises.

— Elle en mourra, monsieur, me disait la *brave femme;* et, ne mourût-elle pas, son enfant en sera marqué ; car vous savez bien que, si une femme grosse a une envie sans qu'elle puisse être satisfaite, l'enfant porte sur son corps le portrait de l'objet inutilement désiré : d'où tant de groseilles, de fraises, de café, de vin, etc.

— Ma bonne femme, lui dis-je, je crois volontiers aux *envies;* je crois aussi à la mauvaise humeur des femmes quand on ne peut pas les satisfaire ; mais j'ai une grave objection contre le portrait qu'en portent les enfants. Les femmes ne désirent pas seulement du café, du vin, des fraises, des groseilles : il y en a qui désirent des chevaux gris pommelé, d'autres un châle de Cachemire bleu, d'autres une robe de velours vert, fantaisies plus coûteuses, plus difficiles à satisfaire que celles dont nous parlions tout à l'heure. Eh bien, jamais je n'ai vu de tache verte, bleue ou gris pommelé.

Je n'avais pas fini ma phrase, que je m'apercevais que, quand on donne des avis aux gens qui vous demandent un service, on doit payer ce droit d'avis que l'on prend, en rendant le service demandé.

D'ailleurs, la « brave femme » insista.

— Vous avez beau dire, monsieur ; l'enfant de ma fille aura des fraises plein la figure. Donnez-m'en ; je vous les payerai ce que vous voudrez.

Je la regardai ; les fraises, trop chères pour l'impératrice, devaient être trop chères pour elle.

— Ma brave femme, repris-je, on va vous *donner* les fraises que vous demandez.

Elle me remercia, emporta les fraises et alla les vendre au maître d'hôtel de Sa Majesté, qui lui en demandait depuis quelques jours ; elle était marchande revendeuse de fruits et de légumes ; elle avait pensé que, puisque j'avais des fraises, d'autres devaient en avoir ; elle en avait promis, et, n'en trouvant nulle part, avait été fort embarrassée quand on lui avait dit, la veille au soir :

— Demain matin, il faut des fraises à tout prix.

Elle n'avait pas de fille ; mais elle avait elle-même une très-forte envie de vendre des fraises très-cher. Donc, le premier jour, l'impératrice eut ses fraises.

Le second jour, dès l'aube, arrivait le maître d'hôtel ; il regrettait amèrement un premier mouvement ; il avait eu tort, grand tort.

Il priait d'excuser. Les fraises n'étaient pas trop chères, au contraire ! il était prêt à les payer le double, le triple ; mais il lui en fallait absolument,

— Au déjeuner, dans une heure, l'impératrice demandera les fraises, et, quand l'impératrice demande quelque chose, il faut qu'elle l'ait.

On comprend avec quelle joie mes paysans furent inflexibles ; d'ailleurs, mes ordres étaient formels ; le maître d'hôtel s'en alla.

Au moment du déjeuner, pâle, ému, il s'approche de Sa Majesté pour lui expliquer l'absence des fraises ; il la voit avec un panier de fraises devant elle ; elles étaient plus belles que jamais.

Voici ce qui était arrivé :

J'avais écrit au comte Weiloursky ce qui s'était passé.

J'expliquais au comte l'impertinence des gens de Sa Majesté, arrivée précisément le lendemain du jour où, n'ayant pas été averti de l'intention de l'impératrice, je n'avais pas cru devoir me présenter devant elle, et je finissais à peu près ainsi :

« Mon cher comte, d'une part, il est impossible que je continue à permettre que l'on fournisse rien désormais aux gens de Sa Majesté ; d'autre part, je serais désolé que l'impératrice fût privée de fraises.

» Le jardinier refuse formellement d'en vendre; mais M. Karr vous prie de lui obtenir la gracieuse permission d'en offrir tous les matins à Sa Majesté, pendant le temps de son séjour à Nice.

» Je vous serre cordialement la main et je suis, avec une haute considération, votre serviteur,

» A. K.

» *P.-S.* Dans le jardin d'un poëte, il ne pousse pas que des légumes ; voici quatre vers qui ont fleuri sous les pieds de l'impératrice pendant sa promenade dans mon jardin, où j'aurais été très-honoré de la recevoir si j'avais été averti de sa visite :

> Nice, de son climat peut-être un peu trop fière,
> Idolâtre, au soleil rend un culte fervent ;
> Aujourd'hui, convertie, elle adore le vent
> Qui, sur ses bords fleuris vous retient prisonnière. »

Le comte Weiloursky me répondit une heure après :

« Je suis presque enchanté de ce qui arrive, à cause de l'autographe que cela m'a procuré d'un homme, etc., etc. . . . .

. . . .

» Je ne puis vous dire qu'en mauvais français que vos vers ont été trouvés, etc..., et que Sa Majesté accepte vos fraises et vous en remercie.

» Je saisis avec empressement, etc.

» WEILOURSKY. »

De ce jour, jusqu'au moment du départ de l'impétrice, je lui fis remettre tous les matins un petit panier de fraises; le jour du départ, j'en envoyai deux paniers, pour qu'elle pût en emporter un sur le navire.

Voilà l'histoire de mes fraises dans toute sa simplicité.

XXVI

REVERS ET ENVERS.

Certes, ce n'est pas moi qui nierai que le gouvernement despotique a toute sorte d'avantages et d'agréments, — bien plus appréciables, il est vrai, par ceux qui l'exercent que par ceux qui le subissent. Il faut cependant avouer que cette forme du pouvoir expose ses administrateurs à quelques inconvénients. La Russie et l'Autriche viennent successivement d'en donner de curieux spécimens. A un roi, à un empereur despote, il peut paraître doux d'entendre tout le monde être de son avis, de ne recevoir que de bonnes nouvelles de l'affection et du dévouement toujours croissants de ses peuples, — en un mot d'entendre toujours ce refrain d'une chanson grotesque et célèbre :

> « Brigadier, répondit Pandore,
> Brigadier, vous avez raison. »

Sous un gouvernement despotique, tout va au gré de ses désirs.

— Comment est mon armée?

— Sire, répond le ministre consulté, c'est la plus nombreuse, la mieux disciplinée, la mieux nourrie, la mieux équipée de tout qu'il y ait pour le moment dans le monde; — surtout elle brûle de mourir pour Votre Majesté. Si l'armée de Votre Majesté faisait un pas, les autres armées s'enfuiraient comme la poussière sous le vent.

— Comment vont mes finances?

— Les finances de Votre Majesté vont à ravir;

d'ailleurs, les biens de ses sujets sont à elle, et ils n'ont pas de désir plus ardent que de les déposer à ses pieds.

— Et mes sujets, comment sont-ils?

— Heureux au possible! ils sont riches; le commerce, l'industrie, tout prospère; les récoltes sont abondantes. Vos sujets bénissent le règne paternel de Votre Majesté.

— Très-bien. — Quel temps fait-il ce matin ?

— Le temps qu'il plaira à Votre Majesté.

Cependant, si le roi ou l'empereur absolu n'a pas l'esprit de regarder un peu par la fenêtre, sans faire semblant de rien, avant de commander une partie de chasse ou de promenade, Sa Majesté court grand risque d'être mouillée jusqu'aux os.

De même, si Sa Majesté entreprend une guerre, elle est tristement désappointée de voir que ses finances sont délabrées, que ses soldats n'ont ni pain ni souliers, qu'ils sont mal armés, etc. Elle est battue, humiliée, etc.

Dans un gouvernement, au contraire, libéral et représentatif, où il y a une presse, le chef du pouvoir reçoit, s'il sait lire, des avertissements de toute nature. Je sais bien qu'il y en a de faux, de prématurés, d'exagérés; mais c'est là ce que j'appelle savoir lire; discerner ce qui est bon et utile; de même que l'estomac choisit dans ce qu'il reçoit ce qui fera du chyle et du sang.

Il n'est pas de gouvernement absolu qui, tôt ou tard, ne doive payer cher l'aveuglement où il veut être laissé.

XXVII

DE NICE A FRÉJUS ET A SAINT-RAPHAËL

J'ai dû, ces jours derniers, quitter Nice pour aller faire une course à Fréjus et à Saint-Raphaël.

Les préoccupations de la politique sont telles, que mes compagnons prirent les quatorze pantalons garance du corps de garde de Saint-Laurent pour une armée française sur le point d'entrer en Piémont.

Du reste, je ne trouvai là rien de changé. Il est toujours ordonné aux voitures de marcher au pas sur la partie française du pont, tandis que l'on peut aller à sa fantaisie sur la partie sarde. Cela pourrait donner lieu à la création d'une société d'assurance sur la vie : on se ferait assurer à la guérite qui est au milieu du pont contre les chances d'accidents qui peuvent arriver sur la partie sarde, que l'on peut parcourir avec des éléphants armés en guerre si l'on veut.

Saint-Laurent dépassé, la voiture se mit en route pour Antibes et Cannes.

Il est un fait bizarre que je voudrais bien raconter, et qui cependant m'embarrasse beaucoup.

La chose est d'une certaine gaieté et m'a fait rire, quoiqu'elle touche à un ordre de plaisanteries pour lesquelles je professe une profonde horreur.

Les personnes qui ont sur ce point une délicatesse... semblable à celle que j'ai ordinairement, sont donc averties qu'elles peuvent sauter le paragraphe qui suit et que je vais mettre entre parenthèses.

Quand j'ouvrirai la parenthèse vous serez avertis.

Quoique l'agriculture soit plus avancée et surtout plus soignée dans le département du Var que dans la campagne de Nice, elle n'atteint cependant pas la perfection ; elle manque de bestiaux et conséquemment d'engrais. Vous rencontrez de loin en loin un âne ou un mulet et une petite vache tondant de l'herbe sur le bord d'un fossé, le peu qu'en laissent quelques petits troupeaux de moutons noirs et de chèvres qui cherchent leur nourriture à travers la poussière des routes.

Ce n'est pas que la campagne ne soit belle et riche ; mais les agriculteurs paraissent avoir une sorte d'horreur pour toute culture dont le produit ne se vend pas directement et serait consommé à la ferme.

Notons cependant que je ne connais du département que la route qui va de Saint-Laurent à Fréjus.

Cette indigence d'engrais a amené une mendicité d'un genre particulier.

J'ouvre la parenthèse.

(Le mendiant d'engrais s'adresse comme les autres à la charité publique ; ce n'est pas précisément au cœur des passants qu'il s'adresse : c'est à vos besoins qu'il expose les siens...

Vrai! vous feriez mieux de passer ce chapitre.

De petites huttes en maçonnerie, ornées de pampres et de rosiers grimpants, sont posées sur les côtés de la route et presque agenouillées; là, elles mettent en usage toutes les ressources et toutes les promesses de la coquetterie pour vous offrir un instant de repos et vous engager à vous asseoir sous leurs vertes tonnelles.

Elles ont leur *boniment,* comme les autres mendiants. « Un pauvre aveugle, s'il vous plaît! » — Pour bien vous éclaircir la chose, je vais parler d'une de ces huttes qui est au milieu de la ville d'Antibes; celle-là n'y va pas par quatre chemins, elle vous dit nettement ce qu'elle veut, elle arbore son nom; seulement, elle prend des airs romains qui sont en harmonie avec cette campagne, où l'on voit fréquemment des ruines de cirque et des vestiges d'aqueduc. La hutte dont nous parlons ne mendie pas; elle s'est mise sous la protection du gouvernement; elle lève un tribut; elle ne demande pas, elle perçoit.

Elle porte à son front un écriteau :

Vespasienne autorisée.

Inclinez-vous, et obéissez.

Mais celles qui bordent la route sont humbles; je vous disais tout à l'heure qu'elles ont recours au langage et à un boniment pour vous attendrir et vous décider en leur faveur. Celle-ci, par une inscription quelquefois en français, le plus souvent en patois, promet certaines conditions de confortable; cette autre annonce qu'elle a pourvu aux cas imprévus et qu'elle fournit tout.

Une, qui se trouve près d'Antibes, donne un avis salutaire : « Vous voici près de la ville, et vous pourriez vous trouver très-embarrassé. »

Une autre est un peu honteuse de sa demande et vous dit :

Ma questo è necessario.

Cette autre inscrit cyniquement à son frontispice — il y a des frontispices qui, comme certains fronts, ne rougissent jamais — la onzième lettre de l'alphabet répétée deux fois.

Ici, deux rivales sont en présence; toutes deux, sous un couvert d'oliviers, offrent l'ombre et le mystère.

La première vous dit par une inscription en français :

Ici, on est bien.

Mais la voisine d'en face répond par une autre inscription :

Ici, on est mieux.

Je me suis étonné de voir que la première avait gardé une inscription qui lui donne une infériorité évidente; peut-être a-t-elle compté sur les gens imbus de ce proverbe : « Le mieux est l'ennemi du bien. »

Il est impossible d'apprécier par une statistique exacte les produits de la charité publique.

Mais je crains bien qu'ils ne soient insuffisants; peut-être pourrait-on perfectionner les cahutes. Je n'en ai vu aucune offrir des rafraîchissements ni un journal; un débit de magnésie et d'eau de Pullna ou de limonade Roger pourrait amener de bons résultats.

Peut-être ainsi pourrait-on ne pas compter entièrement sur la charité, et, vu la grande route, à la fin du jour, y joindre quelques gens armés d'escopettes; il ne s'agirait plus de dire : « Je n'ai pas de monnaie ; » la peur pourrait stimuler puissamment la générosité ; c'est, dit-on, son effet ordinaire en ce cas.

Assez, assez, assez ! vous auriez mieux fait, je le répète, de ne pas lire ce chapitre, et moi, j'aurais été sage de ne pas l'écrire ; si cependant ! malgré ma répugnance pour ce genre de gaieté, en faveur auprès du roi Louis-Philippe, qui souriait volontiers aux lazzi de son bibliothécaire Vatout, j'avais ri et j'ai cru devoir faire partager ce rire à mes lecteurs.

C'est fini ; fermons la parenthèse, et reprenons mon voyage à Fréjus et à Saint-Raphaël.)

On ne s'arrêta à Cannes que le temps de changer les chevaux.

Cannes affiche la prétention d'être la rivale de Nice. Si Nice faisait la moitié des efforts que fait Cannes pour attirer, amuser et retenir ses hôtes, Cannes serait bien vite obligée de renoncer à la lutte. Il y a à Cannes un cercle où l'on boit de la bière ; mais ce qui est mieux, c'est que l'on y a inauguré cette année des régates que je n'ai pas réussi à instituer à Nice.

Je ne vous ferai pas la description des bords de la mer, sur lesquels de beaux pins-parasols, penchés au-dessus de l'eau, semblent occupés à prouver le bleu de la Méditerranée, sur laquelle, comme sur un fond d'azur, ils détachent leur verdure d'un vert sombre et leurs cimes arrondies, où les pousses de l'année forment comme une mousse d'un vert émeraude qui donne à ces arbres les chatoiements du velours.

Je ne vous peindrai pas non plus les montagnes et les forêts de l'Estérel. Il vous est parfaitement impossible de ne pas les voir, si vous faites ce voyage ; mais je veux vous avertir de ce que vous pourriez perdre, faute d'être avertis.

Au golfe Juan, par exemple, on voit le petit chemin couvert par où Napoléon débarqua en s'échappant de l'île d'Elbe. — Une colonne consacre le souvenir de cet événement romanesque.

Un cabaretier s'est emparé de la circonstance et a mis sur sa boutique :

> Ici se reposa le grand Napoléon :
> Buvez à sa mémoire et célébrez son nom.

Ces vers ne sont pas signés. Je n'aurais pas été

fâché de dire à M. Belmontet qu'il n'est pas, comme il le prétend, le seul « poëte de l'Empire. »

J'ai une rancune contre M. Belmontet. Il s'était chargé, dans le temps, d'obtenir de ses amis du gouvernement actuel ce que je n'ai pu obtenir des miens sous les gouvernements précédents : un ruban spécial pour les médailles de sauvetage, et il n'y a plus songé.

J'aurais voulu opposer la gloire et le nom de ce poëte inconnu à la gloire et au nom de M. Belmontet, et contrarier un peu ce dernier. — Cependant je n'y ai pas tout à fait renoncé.

Fréjus est une ville intéressante ; elle possède une assez jolie petite église, gâtée par des *ex-voto* peints par des vitriers. Je respecte beaucoup le sentiment qui fait appendre des *ex-voto* dans les églises ; mais il ne serait peut-être pas impossible d'exiger qu'ils ne consistassent pas en caricatures risibles ; au besoin, *la fabrique* de l'église pourrait contribuer pour faire peindre ces tableaux d'une façon au moins décente ; mais, en général, je ne sais pas pourquoi, ce n'est pas par le goût que brillent la plupart des *fabriques* et des curés ; à chaque instant, on est attristé et scandalisé de voir par quels brimborions puérils, par quels chiffons prétentieux, par quels joujoux ridicules, par quelle bimbeloterie grotesque on déshonore les plus beaux monuments placés sous la direction des prêtres.

Voici ce qui m'a été dit dans un des hôtels de Fréjus :

Le 7 mai 1855, un voyageur, plutôt un peu gros qu'autre chose, entendit jouer du piano et chanter *la demoiselle* de la maison. Il descendit de sa chambre et demanda à la maîtresse de l'hôtel :

— Madame, qui est-ce qui chantait tout à l'heure?

— C'est ma fille, monsieur.

— Où est-elle?

— A vêpres, monsieur.

— Aussitôt qu'elle reviendra, il faut que je lui parle.

— Je fus un peu surprise, dit la mère, et cependant ce n'était pas un jeune homme; il avait l'air respectable, et je penchais déjà à faire ce qu'il demandait, c'est-à-dire à le faire parler à ma demoiselle, lorsqu'il me dit :

» — Je suis Rossini.

» Et, le soir, il donna une leçon de deux heures à ma fille, et je puis dire qu'elle en a profité ; c'est toujours flatteur pour une jeune personne qui chante et joue du piano de pouvoir se dire *élève de Rossini*.

» Ce n'est pas tout : il voulut laisser une trace de son passage ; il prit un morceau de papier et y écrivit de la musique ; le voici encadré au-dessus du piano.

» Ce n'est pas long ; mais, comme on dit, dans les petits pots, les bons onguents. — Un voyageur qui passait ici l'autre jour m'a dit :

» — Je ne dirai pas que ce soit là ce que Rossini a fait de mieux ; je ne veux pas vous flatter, je préfère *Guillaume Tell* et *le Barbier de Séville* ; mais c'est un de ses bons ouvrages. Je ne pense pas que ce soit gravé ; ce serait donc un ouvrage inédit de Rossini.

Je regardai le morceau de musique ; voici ce qu'il contient ; c'est divisé en trois stances ou couplets :

1

« Do — do — do

2

» Un soupir — un demi soupir — un demi soupir.

3

» Do — do — do.

» Rossini. »

Je suis comme le voyageur en question, je préfère *Guillaume Tell* et *le Barbier de Séville*.

C'est encore plus simple que le fameux air de J.-J. Rousseau : *Que le jour me dure!* qui n'a que trois notes.

C'est de la musique dans le genre de ce que jouait Paganini sur une seule corde de son violon; cela rappelle aussi le *do* de *poitrine* qui fit la fortune de Duprez et causa la mort de Nourrit, et le *contre-ut* qui est en train de faire la fortune de Tamberlick, — *contre-ut* qui, plus innocent que le *do* de *poitrine*, n'a encore à se reprocher la mort de personne.

Il doit y avoir sous cette histoire quelque chose de gai que je n'ai pu deviner.

Ce n'est pas la seule curiosité que présente l'hôtel en question.

— Voici, me dit-on, une chambre où ont couché Napoléon le Grand et le pape Pie VII.

— Eh quoi! ensemble? m'écriai-je.

— Non, monsieur; d'ailleurs, il y a deux lits.

Saint-Raphaël, à une demi-heure du chemin de Fréjus, est un petit rivage désert et charmant : des landes dites stériles, mais couvertes de *cistes* à fleurs roses et à fleurs blanches; une plage d'un sable doux et ferme et parsemée de coquillages; quelques rochers sortant de la mer.

De beaux bouquets de pins-parasols, des restes de cirque et des vestiges d'aqueduc romain, épars entre Fréjus et Saint-Raphaël, donnent à cette campagne un aspect calme, sérieux, heureux, qui gagne l'esprit et le cœur.

C'est surtout et seulement lorsque le temps les a détruits, que les travaux des hommes acquièrent de la grandeur et de la majesté; ces ruines en pierre, d'un rouge violet, couvertes de ronces et de lierres, sont d'un aspect plus noble et plus imposant que n'ont dû l'être les monuments dans leur intégrité.

Le poisson est abondant et très-bon à Saint-Raphaël et à Fréjus, et les chiens courants qui accompagnent les habitants par les chemins m'avaient fait deviner que le pays est très-giboyeux.

Mais mon attention fut particulièrement attirée par un canot de pêche sur l'arrière duquel était inscrit son nom, comme à l'arrière de toutes les autres barques :

LE LAMARTINE

Je fus touché de trouver ce souvenir du grand poëte sur ce rivage désert. Je ne pus découvrir le maître du canot ; j'aurais voulu obtenir quelques explications.

XXVIII

L'ÉPIPHANIE A NICE.

J'avais entendu parler souvent d'une fête assez curieuse qui se célèbre à Nice pendant la nuit, à certaines églises de la campagne.

Aussi, il y a deux ans, lorsque vint l'heure indiquée, minuit, je me transportai à l'église de San-Stefano, ce qui, du reste, était d'autant plus facile qu'elle est dans mon jardin, et que ses murailles non crépies sont tapissées de cobæas, de lantanas, et de mandevilleas que j'ai plantés à son pied.

L'église, le curé, le vicaire, tout dormait profondément. Ce n'est que le lendemain que j'appris que cette fête n'avait plus lieu à San-Stefano, église trop voisine de la ville et dont les paroissiens manquent de la naïveté et de la foi nécessaires.

Je remis donc ma visite à l'année suivante et j'eus soin d'être mieux informé. A une heure du matin, j'arrivai à Saint-Philippe, chapelle située dans un lieu agreste et presque sauvage, à moitié de la colline.

Et j'assistai à la fête que je vais tâcher de me rappeler et de vous raconter, sans me permettre la moindre appréciation ni la plus légère observation.

L'église était pleine, et je trouvai péniblement à me blottir dans un coin. Le service se fit à peu près comme d'ordinaire; mais, à un certain moment, trois grands coups furent frappés à la porte; tout s'interrompit; un paysan vêtu en ange alla ouvrir. Dans une tribune placée au haut du fond de l'église étaient une douzaine de chanteurs en habit de ville et un maestro qui les conduisait au violon et chantait les solos.

Au moment où on entendit frapper à la porte, le curé qui officiait se retira et alla rejoindre les chanteurs. Un autre prêtre le remplaça; un fauteuil fut apporté dont le dossier fut tourné du côté de l'autel; le nouveau prêtre prit sur l'autel un petit Jésus, un *bambino* de cire long d'un pied; puis il s'assit sur le fauteuil et plaça l'enfant sur ses genoux.

Alors la musique se fit entendre, et, pendant que l'ange ouvrait la porte, le maestro entonna, en vers patois, un couplet qui disait à peu près :

« Voici les bergers qui ont appris la bonne nouvelle et qui viennent visiter l'Enfant. »

Entrèrent alors une bergère vêtue d'une jupe bleu de ciel, et d'un corsage de velours rose; elle était accompagnée par un berger dont le costume n'était pas moins galant; l'ange les précédait et les conduisit devant le prêtre assis à l'autel; le chœur, accompagné des violons, chantait un refrain, toujours en patois.

Quand ils furent arrivés, ils se mirent à genoux ; le prêtre leur fit baiser les pieds de la petite poupée de cire, et ils tirèrent d'un panier des œufs frais, un coq, un fromage.

Le maestro, à ce moment, entonna le second couplet, pendant que des hommes placés à droite et à gauche du prêtre emportaient les offrandes dans la sacristie.

Le second couplet faisait la description de l'offrande :

« Le berger et la bergère offrent au saint bambin des œufs, du fromage et un coq qui paraît gras et tendre. »

Le berger et la bergère se retirent.

Alors commence une procession ; une femme se lève à l'invitation de l'ange, et s'avance à son tour ; elle tient un cierge à la main ; le chœur chante son refrain et le maestro son couplet.

« Voici Térèson, fille vertueuse, qui apporte *una bella candela* ; ce don lui sera rendu au centuple dans le ciel. »

Chœur et refrain.

Térèson arrive devant le prêtre, baise les pieds de l'Enfant, livre son cierge et retourne à sa place. Une douzaine d'hommes et de femmes lui succèdent les uns après les autres ; chacun et chacune a son couplet, dans lequel on chante son offrande, qui est le plus souvent un cierge ; mais le maestro a cent manières d'exprimer la même chose ; quelquefois il s'écrie :

« O la belle chandelle ! à coup sûr, elle ne marche pas seule ; non, elle est portée par l'aimable Checo. »

Mais des coups de fusil se font entendre au dehors et ébranlent les voûtes ; le chœur, auquel se mêle le curé, dit son refrain, et le maestro chante :

« Oh ! oh ! voici de bons chasseurs qui se moquent de l'intendant et des carabiniers et qui apportent de leur chasse au *divin bambin*. »

L'ange va ouvrir, et introduit, en effet, deux chasseurs, le carnier au dos, le fusil encore fumant à la main. Ils tirent de leur carnier un lapin vivant, des pigeons, des grives, et les donnent, après avoir baisé les pieds de la petite statue.

Puis recommence la procession, où chaque personne, enfants, femmes, vieillards, apportent successivement leurs offrandes, presque toujours des cierges; et, chaque fois, le maestro les désigne par leur nom :

« Voici deux sœurs, Marthe et Philomène, égales en vertu, qui apportent ensemble une chandelle pareille. »

De temps en temps, la scène est variée par de nouveaux pâtres et de nouvelles pâtresses qui apportent du lait, des gâteaux, des fruits, de petits agneaux bêlants; quelques-uns ajoutent des pièces de monnaie dans une assiette toute préparée pour les recevoir.

Puis, quand l'assistance paraît s'engourdir, les coups de fusil recommencent au dehors, de nouveaux chasseurs sont introduits par l'ange et apportent une nouvelle offrande de gibier qui est encore emportée dans la sacristie. Voici qui vient à propos pour le poëte à bout de formules pour décrire les cierges et les belles chandelles :

— De la part de l'illustrissime comtesse ***.

« Une femme, la vieille et respectable Rosette, apporte un goupillon dont le manche est en véritable argent poinçonné. »

Chœur et musique.

Reparaissent alors les belles chandelles, et j'admire toujours la variété des formules.

« Oh ! oh ! celle-ci pèse au moins quatre livres ! — Je parle de la superbe chandelle qu'apporte avec une vigueur surprenante pour son grand âge, le vénérable Cristo...

» Eh ! quelle est cette petite fille qui porte une chandelle plus longue qu'elle et presque aussi pesante ? C'est la gentille Marie, qui vient aussi adorer *il divino bambino.* »

Deux hommes apportent une croix de la part de la marchesa ***. Éloge en quatre vers de la belle marquise et de la belle croix.

Chœur et musique.

Puis encore des chandelles; puis encore des pâtres et des pâtresses, et encore des chasseurs et des coups de fusil. Enfin il va faire jour, il y a quatre heures que cela dure; alors on fait une quête parmi l'assistance; au haut d'un bâton, on porte une orange dans laquelle on a incrusté des pièces de cinq francs; on promène cette masse avec une assiette; je donne mon offrande et je m'en vais au moment où on portait encore des chandelles.

Il faisait tout à fait jour, c'est-à-dire qu'il était à peu près six heures et demie.

XXIX

IL Y A ENCORE DES TURCS.

Un peintre de mes amis me disait, l'autre jour :

— On dit qu'il y a encore quelque part un pays qui s'appelle la Turquie, un empire qui s'appelle la Sublime Porte, un conseil qui s'appelle le divan; on assure même qu'il y a des Turcs.

» Je reconnais le premier point; pour ce qui est des suivants, je nie les uns, je doute des autres.

» Ce peuple n'avait plus qu'une raison d'être conservé : c'était la richesse, l'ampleur et le pittoresque de ses costumes.

» Il s'habille aujourd'hui à l'européenne, à la française même, je crois, ou plutôt il fait un mélange incohérent et horrible aux yeux.

» Il porte les pantalons français, la redingote polonaise sans brandebourgs, le fez sans turban.

» Le jour où il mettra le chapeau français dit *tuyau de poêle*, ce peuple aura vécu; les peintres, qui seuls se sont opposés à ce qu'on l'effaçât, écarteront de lui leur appui-main protecteur, et tout sera dit.

» Tenez, me dit-il, en prenant un journal sur une table, voici une feuille orientale; voyez un peu quelle couleur cela vous a ! et ce n'est pas la faute du pauvre journaliste; peut-être n'est-il parti qu'abusé par l'espoir de voir la Turquie et des Turcs.

» Voyez les annonces :

MAISONS RECOMMANDÉES
DANS CONSTANTINOPLE
AUX VILLES DE FRANCE

LEGEROT.

Modes et Confections. Gants de Paris.

» Des gants!... les Turcs ont des gants ! Ah! ces gants-là n'auront bientôt plus de Turcs.

LIBRAIRIE FRANÇAISE.— *Livres français. Dernières nouveautés.*

VÊTEMENTS. — *Tailleur de Paris.*

A LA TRICOTEUSE. — HUGUES. — *Hautes nouveautés de Paris.*

CAFÉ DE SAINT-PÉTERSBOURG. — *Service français.*

ROCH, PARFUMEUR. — *Articles de Paris.*

HÔTEL D'ANGLETERRE...

HÔTEL DE LONDRES...

HORLOGERIE SUISSE...

CHAPELLERIE PARISIENNE. — *Feutre en soie. Casquettes de fantaisie.*

» Ah! les y voilà, au chapeau de soie et à la casquette de fantaisie! Donc, du turban, on a ôté le châle; il ne restera que le fez, et aux fez on va mettre une visière!

PHARMACIEN. — *Eau de Vichy.*

QUINCAILLERIE. — *Serrurerie de France.*

» Allez donc à Constantinople pour y retrouver la rue Saint-Denis!

— Vous vous trompez, lui dis-je, tout cela n'est qu'un vernis, et il y a encore des Turcs. Tenez, voici un autre journal qui vous raconte que, « par raison d'État, » un petit-fils du Sultan vient d'être étranglé aussitôt sa naissance.

— Ah! ils en sont encore là! Eh bien, je suis curieux de voir combien de temps le divan de la Sublime Porte survivra au divan de la rue Lepeletier ; c'en est fait, il n'y aura bientôt plus de Turcs que derrière le bœuf gras ; eux seuls ont encore le turban et la veste de soie avec un soleil dans le dos ; eux seuls conservent la tradition ; eux seuls seront désormais protégés par la peinture ; des autres, il ne sera plus question que pour les voir disparaître.

XXX

A PROPOS DU DENIER DE SAINT PIERRE.

Le denier de saint Pierre, c'est-à-dire une contribution volontaire pour le pape, pouvait être une idée grande et puissante ; ce n'est qu'une conspiration puérile.

On envoie de l'argent au pape pour construire des

forteresses, acheter des canons et des fusils et payer des généraux sans conviction et sans ouvrage. On envoie de l'argent au pape pour qu'il puisse se mettre en mesure de mitrailler et écharper le plus grand nombre possible de ses sujets et de ses enfants. On envoie de l'argent au successeur de saint Pierre pour qu'il puisse faire émouler le glaive dont le Christ blâma si sévèrement l'usage.

Le glaive de saint Pierre, émoussé lors des dernières relations que le pape a eues avec ses enfants et sujets, a, du reste, besoin de se mettre à la hauteur des perfectionnements modernes. Le glaive de saint Pierre était bon pour couper l'oreille droite de Malchus; — il ne s'agissait alors que de s'opposer au crucifiement du Christ; — mais, aujourd'hui qu'il s'agit du temporel, c'est-à-dire de l'argent et des revenus du pape, il serait tout à fait insuffisant. Le glaive de saint Pierre a subi les mêmes changements et perfectionnements que la feuille de figuier dont se contentait notre mère Ève. La feuille de figuier ne se peut plus porter décemment, à moins d'une largeur de dix-huit à vingt-deux mètres.—Le glaive de saint

Pierre se compose aujourd'hui de canons Paixhans, Armstrong et rayés.

Au lieu de couper mesquinement une oreille que le Christ guérit rien qu'en la touchant, ce glaive peut aujourd'hui hacher en menus morceaux des milliers d'êtres humains dans un quart d'heure — et faire couler des ruisseaux de leur sang.

Saint Pierre, d'ailleurs, ne pouvait faire mieux : l'art de la destruction était encore dans l'enfance, et puis il était gêné par la présence du Christ, qui, il faut le dire, avait, au sujet du sang et du meurtre, des idées un peu vieilles et sentant le préjugé, tandis que ses successeurs peuvent profiter des inventions les plus meurtrières et surtout ne sont plus gênés par la présence du Christ, qui s'est complétement éloigné d'eux.

Donc, des chrétiens envoient en ce moment de l'argent au père des chrétiens, pour qu'il puisse mitrailler des chrétiens d'une façon certaine et efficace.

Il me semble qu'il eût mieux valu que le denier de saint Pierre, c'est-à-dire cette aumône des chrétiens, eût pour but de mettre le pape à même de se passer de ce qu'on appelle sa puissance temporelle que de le mettre en état de la défendre par les armes, c'est-à-dire par le sang et le carnage.

Ce pape-là serait un grand pape, qui, le premier, renoncerait volontairement à cette fiction de la puissance temporelle; ce pape-là commencerait une nouvelle ère pour le trône de saint Pierre, et l'élèverait de mille coudées en ne conservant que la puissance spirituelle. Mais on n'en peut dire autant de celui qui, s'opiniâtrant à faire cramponner la puissance temporelle, qui se noie, à la puissance spirituelle, qui surnage, les condamne à périr ensemble dans un même naufrage.

XXXI

ARLEQUIN ET SA FLUTE.

Je me trompe fort, ou j'ai déjà raconté quelque part un vieil opéra où, quand Arlequin joue du flageolet, tout le monde est obligé de danser, fût-ce au milieu de la situation la plus tragique ou la plus solennelle.

La France tient en Europe le rôle d'Arlequin : quand elle joue du flageolet ou sonne du clairon, tout le monde danse ou se bat, selon l'air qu'elle joue et la mesure qu'elle adopte. Les trompettes françaises ont fait tressaillir partout l'esprit guerrier dans la moelle des os, et surtout ont fort troublé les cervelles des hommes d'État, des directeurs de peuples, etc.

La musique française s'est fait entendre ; — en place pour la contredanse.

La paix est faite ; — la farouche Bellone, qui vient d'être licenciée, au lieu de retourner aux enfers, semble chercher un asile et un refuge dans quelque cœur ou cerveau de roi et de prince aventureux.

Le pape demande l'appui de tous les gouvernements de l'Europe pour défendre ce qu'il appelle sa *puissance temporelle*, et ce que j'appellerai plus justement un couteau qu'il a dans les mains et qu'il ne tient pas toujours par le manche ; — la Prusse, saisie de vertige, continue à armer ; — l'Angleterre paraît surtout animée d'une sorte de folie aventureuse ; —

les journaux, les hommes d'État tiennent des discours provoquants qui commencent à irriter la fibre française.

On commence à chanter un peu et à applaudir frénétiquement l'air de *Charles VI* :

> Guerre aux tyrans ! jamais en France,
> Jamais l'Anglais ne régnera !

Cet air, ces paroles qui rappellent l'époque la plus désastreuse pour la France, des siècles de guerre qui lient et mêlent son histoire à celle de l'Angleterre, exaspèrent singulièrement les esprits.

On ne m'accusera pas d'être partisan de la guerre; personne plus que moi n'a cherché, trouvé, réuni d'arguments nombreux, irréfutables pour prouver non-seulement la barbarie et la férocité, mais encore la profonde bêtise des moissonneurs de palmes, des cueilleurs de lauriers, etc., et de ceux qui les aident et les laissent faire.

Il faut cependant montrer la vérité aux Anglais.

Je le disais tout à l'heure, l'histoire de France et l'histoire d'Angleterre sont, dans les livres, liées et confondues par des siècles de guerre ; il semble qu'entre ces deux peuples il n'y ait jamais eu que des trêves : ce sont deux barils de poudre, auprès desquels il doit être défendu non-seulement de fumer, mais même de passer avec des souliers ferrés qui peuvent faire jaillir une étincelle du pavé.

Certes, la philosophie, qui a singulièrement abaissé les frontières et les murs d'octroi, depuis les murailles de porcelaine de la Chine,— cette antique tasse à thé,— jusqu'aux haies vives de poitrines humaines et de bras armés; la philosophie, qui n'a fait que ramener les cœurs et les esprits d'élite à l'état que je veux, sans en être sûr, croire l'état normal, naturel, primitif de l'espèce humaine, la fraternité universelle sans ses délimitations de pays et de peuples; l'esprit philosophique paraît avoir diminué cette habitude d'antagonisme, surtout chez les hommes qui tiennent le premier rang par l'intelligence dans les deux pays. Or, comme ces hommes sont les conducteurs et les maîtres des esprits, ils doivent finir par apprivoiser respectivement les plus sauvages de leurs compatriotes.

Mais il est dangereux, il est imprudent, — demandez-le à Carter, à Van Amburgh, à Charles, — de jeter un morceau de viande entre deux lions qui ne sont pas encore tout à fait domptés et apprivoisés.

On paraît en être arrivé, grâce au développement de cet esprit philosophique et tolérant, à ne plus voir chez les deux peuples, de leur ancienne haine, qu'un levain affaibli qui ne produirait plus qu'une féconde émulation dans les sciences, dans les arts, dans l'industrie. Cependant, je le répète, cette guérison et les soins qu'elle demande ont besoin de beaucoup de prudence et de ménagement. Sous le règne pacifique et fertile de Louis-Philippe, la guerre faillit s'allumer deux ou trois fois d'elle-même, et bien malgré lui, comme le frottement embrase quelquefois des forêts. Je me rappelle une chanson qui courut; quelqu'un que je ne nommerai pas l'avait faite sur l'air alors populaire que venait de composer Monpou, pour le *Gastibelza* de Victor Hugo. — Cette chanson parut alors exprimer nettement la situation; je ne m'en rappelle qu'un couplet.

C'était M. Guizot qui parlait :

> Victoria, Philippe, mes chers maîtres,
> Grâce à mes soins,
> Vous vous donnez la main; vos peuples traîtres
> Montrent les poings.
> Rois alliés de deux peuples en guerre,
> Que ferez-vous?

Et le roi disait :

> Le vent qui vient des côtes d'Angleterre
> Nous rendra fous !

L'instinct des deux peuples est hostile; c'est à ceux qui ont charge d'âmes, à ceux qui sont doués des bénédictions du bon sens et de l'intelligence, à les contenir dans les limites pacifiques et à les accoutumer tout doucement à ne plus être ennemis.

Il y a une quinzaine d'années, lors des commencements des régates du Havre, — institution utile, très-justement imitée depuis partout, — des marins anglais très-exercés vinrent, trois années de suite, disputer et emporter le prix de la joute à l'aviron.

Nos marins, qui ne s'occupaient des régates que huit jours à l'avance, qui n'étaient pas suffisamment entraînés, qui formaient leurs équipages un peu au hasard, se fâchèrent pourtant d'être battus.

Les pilotes se cotisèrent et firent construire un grand canot en bois de cèdre, auquel ils me firent l'insigne honneur de donner mon nom; puis ils composèrent un équipage et s'exercèrent consciencieusement, en attendant les Anglais.

J'ai vu des émeutes et des révolutions; j'ai entendu crier : « Vice ceci ! » et « A bas cela ! » par des peuples entiers; j'ai vu de sanglantes batailles.

Eh bien, jamais je n'ai entendu une clameur semblable à celle qui remplit l'air et monta au ciel ce jour-là. Au moment où le canot français, commandé par Mazerat, ayant doublé les bouées et achevé son parcours, dans un profond et haletant silence des marins et des populations accourues de toutes parts, glissa le premier devant le signal, laissant en arrière de deux longueurs le canot anglais, commandé par Butler, — un formidable *hourra*, parti des cœurs normands, fit trembler les estrades et agita les feuilles des arbres.

Butler et son équipage se jetèrent à la côte et abandonnèrent le bateau et les avirons, — pour ne pas avoir à repasser devant l'assemblée.

Je donnerai tout à l'heure quelques exemples de la facilité avec laquelle la guerre peut s'allumer entre deux grandes nations qui seront toujours rivales, qui ont été presque toujours ennemies, et que les philosophes, les gens de bon sens et de bon cœur voudraient dans l'avenir ne voir qu'émules.

Le vieux levain de haine nationale subsiste encore; la guerre contre l'Angleterre, que moi, comme beaucoup d'autres, je considérerais comme malheureuse, triste, rétrograde, est la seule guerre que le gouvernement français puisse faire quand il voudra, sans donner de raisons, sans qu'on lui en demande, et sans qu'on pense à lui chicaner ni l'argent ni le sang.

C'est un préjugé, c'est un malheur, mais c'est comme cela.

Il est donc impatientant de voir des gens là-bas faire ce que je disais tout à l'heure qui devrait être défendu — se promener près de la sainte-barbe en fumant et avec des gros souliers lourds et ferrés.

Les hommes intelligents, les amis de la raison, de l'humanité et du progrès doivent donc, dans les deux pays, ne rien négliger pour guérir leurs compatriotes de cette vieille haine qui mourra, peut-être, quand il y aura une centaine d'années qu'aucun brouillon, qu'aucun bavard n'aura réussi à en renouveler le vaccin.

Voici quelques feuillets à l'appui de ce que je disais tout à l'heure aux Anglais, que la guerre s'allume facilement entre les deux nations, et qu'il ne faut y pousser que quand on y est décidé :

<small>Petites causes des grandes choses.</small>

1137.

En 1137 était mort Guillaume, duc de Guyenne, laissant pour unique héritière sa fille Éléonore, âgée de quinze ans. La Guyenne était alors un petit royaume : elle comprenait la Gascogne, la Saintonge et le Poitou ; Éléonore était donc un excellent parti, même pour un roi; Louis VII l'épousa quelques mois seulement après la mort de Guillaume.

Mais jamais union ne présenta si peu de chances de bonheur domestique; Louis était grave, sérieux, fuyait les plaisirs et les amusements; sa douceur et son humilité étaient extrêmes; il était, disent les historiens, *d'une simplicité de colombe.* Éléonore, au contraire, était à la fois d'une fierté excessive et d'une légèreté, d'une coquetterie même qui nuisaient à sa réputation. Le roi ne cessait de gémir en secret sur les désordres d'une femme qui ne respectait ni son rang ni sa personne; la reine, de son côté, se plaignait hautement d'avoir été trompée, en donnant sa main non à un roi, mais à un moine, et en venant enterrer ses belles années dans un cloître.

Pierre Lombard, évêque de Paris, l'un des plus savants personnages de ce temps, et auteur d'un livre de théologie qui lui avait fait donner le nom de *Père des sentences,* était au nombre des favoris de Louis VII et exerçait sur ce prince une grande influence. Il s'avisa de lui conseiller de couper ses cheveux et de raser sa barbe. Quelques versets des saintes Écritures, que le prélat interpréta à sa guise, persuadèrent au roi que les longues chevelures et la barbe surtout étaient désagréables à Dieu.

Louis se fit couper les cheveux et raser la barbe.

Ce fut l'origine d'une guerre qui dura trois cents ans et coûta la vie à trois millions de Français et à au moins autant d'Anglais.

Quelques croquis pris à différentes époques de nos annales vous mettront à même de suivre le développement de cette vérité historique.

1150.

Il y a deux sortes de ridicules : l'un inamovible, ridicule en tout temps et en tout lieu, parce qu'il est contraire à la raison, à la logique, à la nature, au *beau*, tel que l'entendent les artistes ; c'est là le ridicule qui frappe surtout les bons esprits ; — l'autre, ridicule aujourd'hui et demain fort bien reçu, tandis que son contraire, si respecté aujourd'hui, deviendra à son tour le ridicule de demain ; ce ridicule est simplement ce qui n'est pas conforme à un usage ou à une mode en faveur. C'est à celui-là qu'il ne faut pas s'exposer quand on ne veut pas se perdre dans l'esprit du plus grand nombre des femmes.

Louis, avec son menton rasé, avait juste le même degré de ridicule qu'avait pour nous l'homme à la grande barbe du Palais-Royal. Il n'est pas de reproches, de moqueries auxquels il ne fût exposé de la part de la reine ; il répondait avec gravité, tandis qu'une plaisanterie l'eût peut-être tiré d'affaire. Les moqueries d'Éléonore redoublèrent et devinrent assez insultantes pour qu'il crût devoir user de son autorité pour les faire cesser.

Ce ridicule lui fit perdre la très-petite part qu'il avait à l'affection de sa femme, qui de ce moment fut accusée d'entretenir des intrigues secrètes, d'abord avec le prince d'Antioche, son oncle; puis en Orient, où elle avait suivi son époux à la croisade contre les mahométans, commandée par Pierre l'Ermite, avec un jeune Turc nommé Saladin; puis enfin, à son retour, avec le duc Henri, auquel Louis VII, par un secours généreux, avait assuré la possession de la Normandie.

Louis, fatigué de semblables désordres, résolut de

la répudier et demanda le divorce sous le prétexte ordinaire de parenté.

Six semaines après le divorce, Éléonore épousa Henri, duc de Normandie, auquel elle porta en dot la Gascogne, la Saintonge et le Poitou.

En l'année 1135 mourut Étienne, roi d'Angleterre.

Henri, qui lui succéda, restait néanmoins vassal du roi de France pour les provinces dont il était maître dans les États de celui-ci, et, en cette qualité, il vint à Paris lui prêter hommage en la forme que voici :

Henri, la tête nue, sans épée, sans éperons, se mit à genoux devant Louis, les mains dans celles du roi de France. Un héraut, pour le roi de France, adressa ces paroles au roi d'Angleterre :

— Vous devenez homme lige du roi de France, de vie, de membres, de terrestre honneur, et lui promettez foi et loyauté porter? Dites : « Voire. »

Le roi Henri dit :

— Voire.

Et alors le roi de France reçut ledit roi d'Angleterre et duc audit hommage lige à la foi et à la bouche.

Malgré cet hommage, plusieurs guerres de dévastation eurent lieu entre les deux princes; guerres que Henri finissait toujours en assurant *son seigneur* de son respect et de son obéissance; ce qui ne l'empêchait pas d'abattre et de brûler les villes de sondit seigneur.

1189.

Après une lutte de plusieurs années néanmoins, la paix fut sur le point de se conclure avec le vieil Henri et Philippe-Auguste.

Au commencement du règne de Philippe-Auguste, ce jeune prince avait fait entourer de murs le bois de Vincennes, pour en faire un lieu de chasse. Le roi d'Angleterre lui avait envoyé une prodigieuse quantité de daims, de cerfs et de chevreuils, comme à son seigneur. Cette galanterie avait fort bien disposé Philippe. On s'assembla entre Troyes et Gisors pour régler les conditions de la paix; mais une circonstance aussi futile que celle qui avait fait l'origine de la guerre vint inopinément empêcher tout accommodement.

Au milieu du champ où se tenaient les conférences, il y avait un vieil orme qui couvrait de son ombre, disent les historiens du temps, *plusieurs arpents de terre.*

Il n'est peut-être pas hors de propos de remarquer ici qu'il ne faut pas s'abuser sur la grandeur des anciennes choses, ni des anciens hommes. Les mesures de toute sorte n'étaient pas les mêmes qu'aujourd'hui.

Quoi qu'il en soit, cet arbre était une espèce de prodige, et les Anglais, qui s'en étaient emparés les premiers, raillaient tranquillement à l'ombre les Français, qui souffraient beaucoup de l'extrême chaleur, car on était alors dans les ardeurs de la canicule. Les Français, qui n'avaient pas encore inventé le vaudeville, ne surent pas répondre aux facéties anglaises, prirent leurs armes et enfoncèrent leurs quasi alliés, qui s'enfuirent avec leur roi.

Les Français, maîtres du champ de bataille, abattirent l'arbre, et les hostilités recommencèrent avec plus de fureur que jamais ; entre autres aménités, on crevait de part et d'autre les yeux aux prisonniers.

Sous le règne de Richard Cœur de lion, son frère, Jean sans Terre, qui tenait du roi de France le gouvernement d'Évreux, fit massacrer tous les Français qui se trouvaient dans la ville; trois cents têtes furent attachées à des poteaux sur les murailles. Il pensait par là se réconcilier avec son frère, qu'il avait abandonné pour Phlippe pendant la captivité de Richard, traîtreusement emprisonné par Henri VI, empereur d'Allemagne, prince, disent les historiens, *gueux, féroce et avare.*

A cette nouvelle, Philippe arrive avec quelques troupes d'élite, descend dans Évreux l'épée d'une main et la torche de l'autre. Tout fut massacré, Anglais et habitants. On brûla les maisons et les églises.

Dans cette campagne, Richard prit Philippe, évêque de Dreux, fort bon homme de guerre, et plus accoutumé à la cuirasse qu'au surplis.

Richard traita son captif avec dureté et le fit littéralement charger de chaînes; en vain le pape intercéda pour lui, avec toute la tendresse d'un père qui demande la délivrance de *son fils.* Richard, en envoyant au souverain pontife la *cuirasse* du prélat prisonnier, lui répondit par ces paroles de l'histoire de Joseph : *Reconnaissez-vous la tunique de votre fils?*

1201.

Arthus, neveu de Richard Cœur de lion, armé chevalier par Philippe-Auguste, fut poignardé par Jean sans Terre, successeur de son frère Richard.

La mère d'Arthus demanda vengeance à Philippe, seigneur suzerain du mort et de l'assassin. Le roi d'Angleterre fut, par des sergents d'armes, cité à la cour des pairs.

Jean fit demander à Philippe un sauf-conduit.

— Qu'il vienne, dit le monarque, il le peut.

— Y a-t-il sûreté pour le retour? demanda l'envoyé d'Angleterre.

— Oui, répondit le roi, si le jugement des pairs le permet.

C'est tout ce que l'ambassadeur put obtenir. Philippe ne voulut s'engager qu'à exécuter fidèlement l'arrêt, et persista à soutenir qu'aucune dignité ne pouvait affranchir ses vassaux du droit qu'il avait originairement sur leur personne.

L'accusé n'ayant point comparu, les pairs de France le jugèrent atteint et convaincu du crime de parricide, le condamnèrent à mort, et déclarèrent toutes ses terres situées dans le royaume confisquées et acquises au roi.

1215.

Le roi Jean, déjà condamné à mort par la cour des pairs de France, eut encore le malheur ou l'imprudence de se brouiller avec le pape, au sujet de quelques nominations dans la hiérarchie ecclésiastique. Innocent mit son royaume en interdit, délia tous ses sujets du serment de fidélité, et transféra la couronne à Philippe-Auguste, l'assurant, lui et tous ceux qui l'aideraient à s'en emparer, de la rémission de tous leurs péchés.

Le roi de France montra en cette circonstance, pour les ordres de Rome, une soumission à laquelle le saint-père n'était pas accoutumé. Il fit construire ou réparer une multitude de bâtiments de transport, et s'occupa exclusivement de lever des hommes et de l'argent.

Le roi d'Angleterre, détesté du clergé, méprisé des

grands, haï du peuple, frappé de tous les anathèmes de Rome, ne trouva d'autre ressource que de faire don au saint-siége de la couronne. Il déclara ne la tenir que d'Innocent, qui prit pour lui ce qu'il avait donné à Philippe, probablement pour éviter l'effusion du sang.

Jean fit hommage entre les mains du légat Pandolfe, s'obligeant, outre le don de sa couronne, à payer au saint-siége une redevance annuelle de mille marcs d'argent. Au commencement de la cérémonie, il avait remis entre les mains du légat son sceptre et sa couronne; l'orgueilleux prêtre les garda cinq jours avant de les lui rendre.

Immédiatement, Pandolfe passe en France, et déclare à Philippe que l'Angleterre étant devenue la propriété du pape, non-seulement il n'était plus permis de s'en emparer, mais que quiconque l'attaquerait serait excommunié. Philippe n'eut pas, pour abandonner sa conquête, la soumission qu'il avait montrée pour l'entreprendre. Il répondit que les caprices de Rome seraient trop ruineux; qu'il avait dépensé deux millions et qu'il continuerait.

Le pape excommunia Philippe-Auguste et son fils Louis; ce dernier cependant débarqua dans le comté de Kent. Le roi Jean errait de ville en ville, saccageant son propre pays, et n'opposant que les anathèmes du pape au prince français, qui se fit proclamer roi solennellement dans la ville de Londres. Il reçut les hommages de tous les barons; puis il alla prendre Rochester et Cantorbéry. Le roi d'Écosse vint aussi joindre le nouveau monarque avec un secours assez puissant.

Jean mourut pendant le siége de Douvres.

Néanmoins, Louis fut forcé de repasser en France, après un règne de six semaines en Angleterre.

1292.

Deux matelots, l'un Anglais, l'autre Normand, ayant pris querelle, se battirent à coups de poing sur le port de Bayonne; l'Anglais, ayant eu le dessous, tira son couteau et éventra le Normand. Cette violence, que le magistrat eut la faiblesse de laisser impunie, en occasionna plusieurs autres entre les marins des deux nations; les Normands coururent la mer, cherchant une occasion de venger leur compatriote. Ils surprirent un vaisseau anglais, et pendirent le pilote au haut du grand mât. De ce moment, chaque fois que se rencontrèrent les bâtiments des deux nations, on se battit avec acharnement; un grand nombre de vaisseaux furent pillés, brûlés, coulés bas. Les Anglais surprirent la Rochelle, massacrèrent les habitants et brûlèrent les édifices.

Philippe alors envoya encore au roi d'Angleterre une citation pour qu'il eût à comparaître devant la cour des pairs de France.

Après un long exposé des griefs de la cour de France, la citation finissait ainsi :

« Nous vous ordonnons et commandons que vous ayez à vous présenter à notre cour le vingtième jour après la fête de Noël prochain, pour y répondre sur tous ces griefs, entendre ce que l'équité lui dictera, et vous soumettre à ses arrêts. »

Édouard n'ayant pas comparu, la cour confisqua la Guyenne; Philippe se mit en campagne et s'empara de cette province.

1350.

Sous le règne de Jean eut lieu le fameux combat des Trente, duel entre Beaumanoir et Bembro, assistés chacun de vingt-neuf chevaliers ; ce combat eut lieu près d'un grand chêne qui se trouvait placé à moitié du grand chemin entre Ploërmel et Josselin, le samedi veille du dimanche *Lætare* de l'an 1350, précisément deux cents ans après que Louis VII avait coupé sa barbe. Bembro fut tué d'un coup de lance dans le visage par un seigneur breton. Le combat entre les plus braves chevaliers des deux nations fut si long, qu'ils furent forcés de se reposer quelque temps. Beaumanoir, blessé et mourant de soif, demanda à boire.

— Beaumanoir, bois ton sang ! lui cria un de ses compagnons.

Il le fit, et rentra au combat. Beaumanoir et les Français battirent les Anglais et les tuèrent presque tous.

1356.

Le samedi 17 septembre 1356, l'armée anglaise et

l'armée française se rencontrèrent près de Poitiers. Le roi de France commandait en personne; le prince de Galles, fils du roi d'Angleterre, était à la tête de l'armée ennemie.

Le roi de France fit célébrer la messe, et attaqua, contre l'avis de ses capitaines, le prince de Galles dans ses retranchements.

Dans l'armée française, dit Froissart, *était toute la fleur de France.*

Il y avait, en effet, le roi, ses quatre fils, trois mille chevaliers portant bannière et suivis de leurs vassaux et écuyers.

C'est le lundi 19 septembre que la bataille fut livrée; le roi, entouré de morts, presque seul, la hache à la main, frappait d'un coup mortel tout ce qui l'approchait; il reçut deux blessures au visage et fut forcé de se rendre.

Six mille hommes de la plus belle noblesse de France périrent dans ce combat. L'évêque de Châlons fut au nombre des morts.

On prit dix-sept comtes et huit cents barons, tous blessés, entre lesquels Guillaume, archevêque de

Sens. C'est à cette bataille que l'on fit pour la première fois usage du canon.

Aussitôt que le prince de Galles aperçut le roi, qui s'approchait de sa tente, il s'avança vers lui, et s'inclina profondément devant son prisonnier. A table, il se tint debout derrière Jean et se fit un honneur de le servir.

Jean II mourut à Londres en 1364; le roi Édouard, qui avait conçu pour lui la plus vive amitié, lui fit rendre les devoirs funèbres avec une pompe royale, dans l'église Saint-Paul. Quatre mille torches et quatre mille cierges éclairaient le temple.

C'est pendant sa captivité que s'illustra Bertrand Duguesclin.

1422.

Charles VI mourut abandonné dans l'hôtel Saint-Paul, tandis que le roi d'Angleterre, Henri V, trônait au Louvre. On ne put le faire enterrer qu'en vendant ses meubles; aucun prince du sang n'assista à ses funérailles. La France était ravagée, ruinée. Le dauphin, proscrit, poursuivi par les Anglais, n'avait autour de lui que quelques seigneurs. C'est sous d'aussi tristes auspices que Charles VII se fit couronner à Poitiers.

Le duc de Bedfort, nommé par les Anglais régent du royaume de France, se fit prêter serment par les bourgeois de Paris.

La guerre était allumée dans toute la France.

Chaque ville est une place frontière. Les Anglais possèdent Paris, la Normandie, l'Ile-de-France, la Brie, la Champagne, la Picardie, le Ponthieu, le Boulonais, le Calésis, l'Aquitaine, la Bourgogne, la Flandre et l'Artois.

Charles VII n'avait que le Languedoc, le Dauphiné, l'Auvergne, le Berry, le Poitou, la Saintonge, la Touraine et l'Orléanais.

Charles VII était alors si pauvre, qu'il ne put payer quarante livres qu'il devait à son chapelain, et que, s'étant fait faire une paire de bottes dans la ville de Bourges, il ne put en acquitter le prix; le cordonnier les remporta.

Le roi tomba dans le découragement; mais il fut tiré de son apathie par sa maîtresse Agnès Sorel, sur laquelle François Ier fit, un demi-siècle plus tard, les vers que voici :

> Gentille Agnès, plus d'honneur tu mérites,
> La cause étant de France recouvrer,
> Que ce que peut dedans un cloître ouvrer
> Close nonnain, ou bien dévot ermite.

1428.

Une fille de dix-sept ans, née en 1412, près des rives de la Meuse, à Domremy, se fit présenter au roi, et lui tint un discours que l'histoire a conservé :

— Gentil dauphin, j'ai nom Jeanne la Pucelle. Le roi du ciel m'envoie vous donner aide. Baillez-moi gens de guerre, et je vous mènerai sacrer à Reims à travers les Anglais.

C'est le mercredi 4 mai 1429 qu'elle livra son premier combat.

Elle marchait toujours la première, son étendard à la main, sans jamais frapper personne. Elle délivra Orléans, et conduisit le roi à Reims comme elle l'avait annoncé.

Jeanne tomba près de Compiègne au pouvoir des Anglais. On la jugea comme sorcière, et on la condamna à mort. Voici l'inscription mise en face de son bûcher, le jour de l'exécution de cette honteuse sentence :

« Jeanne, qui s'est fait nommer la Pucelle, menteresse, pernicieuse, abuseresse de peuples, devineresse, superstitieuse, blasphémeresse de Dieu, présomptueuse, molestante, meurderesse, idolâtre, cruelle, dissolue, invocatrice du diable, apostate, schismatique, hérétique. »

Elle avait dix-neuf ans quand elle mourut ainsi à Rouen, le 30 mai 1431.

1450.

Le douzième jour du mois d'août 1450, la prise de Cherbourg chassa les Anglais de France...

Trois cents ans après le jour où Louis VII, en coupant sa barbe, avait attiré sur la France les malheurs dont nous n'avons retracé qu'une faible partie !

XXXII

LES PALMIERS DE BORDIGHERA.

Un des sites les plus pittoresques que l'on rencontre sur cette route célèbre qui conduit de Nice à Gênes, est sans contredit Bordighera.

Les *Guides en Italie* vous disent simplement : « Bordighera est un village fortifié qui n'a de remarquable que sa situation. »

Que sa situation ! Mais la situation ne fait-elle pas le mérite de la plus grande partie des hommes et des choses ?

Voyez cet homme qui, il y a quelques années, était le but de toutes les moqueries, de tous les dédains, de tous les sarcasmes : on lui attribuait tous les vices, toutes les impuissances ; aujourd'hui, il a toutes les vertus, non-seulement l'intelligence, mais le génie ; on l'admire, on l'adore autant qu'on l'a vilipendé, et ce n'est pas peu dire.

Il n'y a cependant de changé que sa situation.

Mais, sans pousser plus loin cette comparaison, faisons seulement remarquer à M. Richard, l'auteur des *Guides,* que la situation compte pour beaucoup dans un paysage et donne à un village qui possède la situation de Bordighera le droit de ne pas être traité avec ce ton injustement dédaigneux.

Cette situation consiste à être élevé en promontoire au-dessus de la mer, et à dessiner sur ce fond bleu des groupes de palmiers.

J'ai passé plusieurs fois à Bordighera, et j'avais été choqué de voir qu'une partie de palmiers-dattiers, au lieu d'avoir leurs belles branches pendant autour de leur tronc, les avaient relevées en balai... Disons en faisceau pour ennoblir le mot, mais sans espoir de rendre la chose moins laide.

J'ai eu, l'autre jour, l'explication de cette bizarrerie.

J'ai rencontré, dans l'établissement de M. Visconti, qui possède un palmier, un des plus riches propriétaires de dattiers de Bordighera, M. ***, qui m'a, avec beaucoup de bonne grâce, donné toutes les explications que je lui ai demandées.

Il m'a d'abord dit le nom du chef d'une famille qui dut sa fortune aux palmiers de Bordighera et à la présence d'esprit et à la fermeté de ce chef.

C'était, je crois, sous le pontificat de Sixte-Quint, celui qui excommunia Henri IV de France.

On dressait un obélisque sur son piédestal ; l'opération était difficile, la mécanique, vers 1580, n'étant pas ce qu'elle est aujourd'hui ; et on se rappelle que, sous le roi Louis-Philippe, M. Lebas, architecte de Paris, fut fait chevalier de la Légion d'honneur après l'érection de l'obélisque de Louksor sur la place Louis XV.

Une foule immense assistait à la cérémonie que présidait le saint-père. On avait défendu aux assistants de prononcer une seule parole sous les peines les plus sévères ; les livres disent sous peine de mort, mais on hésite toujours à croire que le successeur des apôtres de Jésus-Christ, — et notamment de saint Pierre, qui fut si fort gourmandé pour un pauvre coup d'épée donné sur l'oreille de Malchus en défendant son maître, — puisse en aucun cas répandre le sang de ses sujets.

Il se trouva que les ingénieurs avaient mal pris leurs mesures; les câbles n'agissaient plus, et il s'en fallait de quelques centimètres que le monolithe fût droit et d'aplomb sur sa base.

Tout le monde était dans une grande anxiété; l'obélisque était en grand danger d'être brisé et de perdre tous ses droits au titre de monolithe. La foule attendait un miracle que le saint-père n'osait pas demander. Tout à coup une voix s'éleva :

— Mouillez les câbles !

Au même instant, sur deux points différents de la place, les agents de la police se saisissaient de l'individu qui avait contrevenu à l'ordonnance défendant de prononcer une parole, — et le pape ordonnait de tenter le moyen indiqué de jeter de l'eau sur les câbles.

D'abord, ils se détendirent; on crut tout perdu; mais bientôt le chanvre se resserra, et la tension suffit pour mettre l'obélisque debout sur sa base, où je crois qu'il est encore.

Le pape fit chercher le donneur de conseils : on le trouva en prison.

— Que veux-tu pour ta récompense? dit le saint-père.

Notre homme était un marin, capitaine d'une petite felouque de Bordighera, qui apportait à Rome toute sorte de denrées, et, entre autres, des branches de palmier pour les cérémonies des fêtes de Pâques.

Il ne perdit pas de vue ses petites affaires ; mais son ambition ne s'éleva pas au-dessus.

— Ce que je demande, saint-père, dit-il, c'est d'abord la faveur de baiser votre mule et de recevoir votre bénédiction.

Le pape tendit la mule et donna sa bénédiction.

— Tu as dis *d'abord;* il y a un *ensuite.*

— Presque rien, saint-père ; il ne s'agit plus que d'escompter les bienfaits assurés par cette bénédiction : accordez-moi, pour moi et mes descendants, le privilége exclusif d'apporter à Rome et de fournir les palmes pour les fêtes de Pâques.

Ce privilége fut accordé par titres authentiques, et, encore aujourd'hui, ce sont les héritiers et descendants de ce Bresca qui en jouissent. Ils achètent les palmes à Bordighera et les transportent dans la ville éternelle, où ils les vendent un *scudo* romain la pièce (à peu près cinq francs), prix fixé par le bref de Sixte-Quint. — Ces palmes qui, sur place, valent quelque chose comme douze ou quinze francs la douzaine, produisent encore un assez beau bénéfice, quoique les descendants de Bresca ne les tiennent pas de l'arbre, ni même de la première main.

Voici maintenant pourquoi la plupart des dattiers de Bordighera sont attachés et liés en botte :

Ces palmes que l'on travaille, que l'on natte en cent façons, doivent être blanches pour les cérémonies de l'Église romaine. Liées de la sorte, les branches renfermées dans l'intérieur des faisceaux blanchissent par la privation de la lumière, comme on fait blanchir la salade ; c'est ainsi que les anciens jardiniers donnaient aux artichauts une teinte d'un jaune pâle et d'un rose lilas, — en les enveloppant d'étoffes épaisses qui changent par l'étiolement le vert en jaune, et le violet en rose.

Quelques palmiers sont liés moins étroitement, de façon que la lumière circule moins librement autour des feuilles, mais cependant peut encore s'y glisser.

Ces branches deviennent, non pas blanches, mais d'un vert plus pâle, plus gai et plus brillant que celui des branches libres. On les destine aux églises israélites, qui s'en servent également dans certaines cérémonies et à certaines fêtes, et les exigent de cette couleur.

Heureusement qu'il faut ensuite laisser reposer les dattiers qui ont fourni leurs branches; c'est ce qui fait qu'une partie des arbres peut livrer à la brise ses palmes libres, et les dessiner dans toute leur majestueuse élégance sur le fond bleu de la mer et du ciel.

XXXIII

COMMENT UN DRAME IMPOSSIBLE FUT REPRÉSENTÉ A NAPLES.

Quelques-uns se sont un peu étonnés, dans le temps, de voir représenter, sur un théâtre de Paris, une pièce qui retraçait l'histoire du petit Mortara et du crime qui a fait, dans tous les cœurs, tant de tort à l'Église romaine.

Ceux-là seront bien plus étonnés quand ils apprendront qu'une pièce sur le même sujet fut jouée à Naples, sur le théâtre San-Carlo, pendant que François II régnait encore. — Aussi ai-je le dessein de leur raconter comment cet étrange événement devint possible.

Il y avait à la cour de l'ex-roi de Naples un homme appelé Motteggio, qui, avant de devenir riche et puissant, avait longtemps montré aux populations un habit noir râpé, mais assez propre et brossé à blanc.

Cet homme, entre autres métiers, avait essayé du théâtre, et avait composé, outre une tragédie comme tout le monde, deux ou trois vaudevilles dans le genre français, unanimement refusés à tous les théâtres.

Pendant les premières années de sa grandeur, il oublia ses essais dramatiques; mais, une fois accoutumé à ses splendeurs nouvelles, et cédant à la fatale destinée de l'homme, qui le condamne à mettre son bonheur précisément dans ce qu'il n'a pas, il lui revint un jour une envie féroce de se voir joué et applaudi.

Il connaissait un nommé Vittorio Stanza, qui avait eu plusieurs fois cette joie et avait, en conséquence, un accès facile auprès des théâtres. Il se confia à lui, et lui dit :

— Tenez, voici quelques essais... informes peut-être... auxquels il me serait impossible aujourd'hui de mettre la dernière main ; voyez donc si on pourrait en faire quelque chose.

L'auteur fut effrayé : refuser quelque chose à un homme puissant n'est pas chose prudente ; lui dire la vérité est un acte que certains moralistes comptent entre les formes du suicide. Cependant il n'était ni plus prudent ni plus sain d'endosser la responsabilité des élucubrations du grand seigneur.

Il éluda sous divers prétextes.

D'abord, il essaya de faire comprendre au seigneur que l'envie, irritée en vain contre ses vertus et contre sa prospérité, s'en donnerait à cœur joie contre ses pièces.

Une autre fois, il s'en occupait activement.

Une autre fois, il n'y avait pas, pour le moment, d'acteurs dignes d'interpréter de si belles choses.

Une autre fois, le directeur allait faire faillite; il fallait attendre son successeur.

Mais, quoiqu'il employât à trouver de nouveaux prétextes pour éluder cette dangereuse collaboration plus d'imagination qu'il n'en aurait fallu pour faire des pièces de son cru, Stanza vit, à son grand chagrin, le seigneur se refroidir visiblement à son égard.

Il fut indigné, comme tous les cœurs honnêtes, du crime connu sous le nom d'histoire du *petit Mortara;* il songea à mettre cette histoire au théâtre avec quelques atténuations, bien entendu, et quelques déguisements. La pièce faite, il la porta au seigneur Fornarini, alors directeur du théâtre San-Carlo.

Celui-ci écouta la pièce; puis, la lecture terminée, il dit :

— C'est très-bien, très-émouvant; mais vous êtes fou d'avoir cru un moment que je pourrais jouer ici une pièce sur le petit Mortara !

Stanza voulut insister. Fornarini appela quelques amis et leur dit :

— Que dites-vous de l'idée de Stanza, qui m'apporte une pièce sur le petit Mortara?

Les amis répondirent par des témoignages d'une gaîté folle ; Fornarini y mêla un rire homérique, et Stanza s'en retourna tristement en disant :

— Il y avait cependant là un succès.

Vittorio se résigna à enfermer son manuscrit dans une cassette où dormaient déjà trois ou quatre pièces qui, pour diverses raisons ou sous différents prétextes, avaient éprouvé le même sort. Là dormaient aussi la tragédie et les autres pièces du puissant Motteggio.

— Ah! se dit Stanza, si celui-là le voulait, il ferait bien jouer ma pièce! Mais il ne le fera pas... Ah! si c'était une pièce de lui!...

Une idée alors éclata dans sa tête.

— Et pourquoi ne serait-ce pas une pièce de lui? dit-il.

Il ferma à deux tours la porte de son cabinet pour réfléchir paisiblement.

Le lendemain, à huit heures du matin, il s'habilla *convenablement*, c'est-à-dire richement, en homme qui n'a besoin de rien, comme il convient quand on va demander quelque chose.

Il se fit annoncer chez Motteggio.

— Cher, lui dit-il, le moment est arrivé de faire jouer une de nos pièces.

— Vraiment?

— Il y a en ce moment au théâtre des acteurs dont nous pouvons nous contenter.

— Vous ne craignez donc plus la cabale... l'envie...? vous ne pensez donc plus qu'un homme en place...?

— Scipion et Lælius n'aidaient-ils pas Térence? Louis XIV n'indiquait-il pas des modèles à Molière?

— C'est vrai.

— Mais il faudra nous résigner à quelques modifications.

— Je vous ai dit de faire, des pièces, ce que vous voudrez.

— Il est des choses qui pèchent par excès de beauté, de finesse, de distinction. Il faut quelquefois diminuer une œuvre pour la rendre propre à la scène.

— Diminuez... Mais quelle est celle que vous comptez arranger ?

— *Arcas et Zétulbée.*

— Ah ! mais ce n'est qu'un petit vaudeville bucolique.

— Plein de fraîcheur, de grâce et d'originalité; petit comme un sonnet sans défaut; bucolique comme les immortelles *Géorgiques;* seulement, il faut que je le gâte, il faut retrancher, il faut ajouter.

— Vous en êtes le maître.

— Quand voulez-vous que je vous lise votre pièce ?

— Quand sera-t-elle prête ?

— Dimanche.

— Venez dimanche déjeuner avec moi, et, je vous le répète, ne vous gênez pas, — arrangez, dérangez, faites tout ce que vous voudrez.

— Jamais je ne pardonnerai au public l'obligation où il me met de toucher à ce petit chef-d'œuvre.

Le dimanche, Stanza arrive; on déjeune, on prend le café, on fume un cigare; — puis... commence la lecture.

— *La Stregona.*

— Tiens, vous avez changé le titre?

— Oui, il le fallait, c'était trop simple, comme toutes les belles choses; et puis on ne peut mettre du bucolique au théâtre sans s'exposer à se faire comparer à George Sand, avec *le Champy* ou avec *Claudie*, ce qui ne serait pas prudent.

— Mais qu'est-ce que *la Stregona?*

— Un rôle que j'ai dû ajouter, et dont le germe est dans une de vos autres pièces.

— Je ne me rappelle pas.

— Vous êtes le seul qui puisse oublier ce qui sort de votre puissante plume... *La Stregona,* drame en cinq actes et en sept tableaux...

— Mais *Arcas et Zétulbée* n'avait qu'un acte.

— Voudriez-vous qu'une pièce de vous devînt *un lever de rideau,* une de ces pièces qu'on joue pendant que l'orchestre accorde les instruments en attendant les spectateurs? Mais je n'ai pu que développer vos idées: vous savez, pour faire de la monnaie ayant cours, il faut mêler de l'alliage à l'or pur; on ne va pas au marché avec des lingots et des diamants.

Puis Stanza continua, au grand étonnement de

Motteggio, car le vaudeville avait subi d'étranges transformations. Or, dans l'œuvre de Motteggio, Arcas, amoureux de Zétulbée, demandait la main de celle-ci à sa mère, qui la lui refusait; mais il survenait un oncle, auquel il avait sauvé la vie, et cet oncle, vieux garçon riche, dotait Zétulbée et unissait les deux amants.

Et c'était l'histoire du petit Mortara que lui lisait Stanza.

— Ah! mon ami, dit Motteggio à la fin de la lecture, comme cela a gagné entre vos mains!

— Je n'ai fait qu'arranger vos idées et les adapter aux exigences de théâtre. Évidemment, notre œuvre commune ne vaut pas, littérairement parlant, votre ouvrage primitif; mais, au point de vue du théâtre, il a fallu faire des concessions.

— C'est très-bien ainsi, grâce à vous.

— Nullement, je n'ai fait qu'un travail d'arrangeur. — Un mot de vous maintenant pour Fornarini.

— Volontiers.

Stanza retourne chez Fornarini.

— C'est encore moi.

— Avec une autre pièce ?

— Avec la même.

— Mais je vous ai dit...

— Vous allez dire le contraire.

— Ah ! c'est fort !

— Quand vous saurez de qui est réellement la pièce.

— A moins qu'elle ne soit du roi...

— Il ne s'en faut de guère.

— Elle n'est donc pas de vous ?

— De moi et d'un autre.

— Et... cet autre ?

— Cet autre, c'est Motteggio.

— Pas possible !

— En voici l'aveu écrit et signé de sa main.

— Oh ! alors... c'est bien différent !

— Vous comprenez que...

— On va mettre en répétition dès demain.

Et voilà comment on put jouer à Naples, sur le théâtre San-Carlo, l'histoire du petit Mortara.

Le roi alla la voir, et Fornarini laissa circuler le bruit que Sa Majesté n'était pas étrangère à la pièce — ce qui n'est pas probable.

XXXIV

SUR LA PUISSANCE TEMPORELLE DES PAPES.

Je veux vous faire lire une lettre qui court l'Italie en ce moment. On l'attribue au pape Victor III. Ce pape, qui ne régna que quatre mois, de 1086 à 1087, avait joui d'une grande influence sous le pontificat de Grégoire VII, dont il était l'ami. C'était un homme vertueux, quoiqu'il n'ait pas été canonisé; mais, depuis Symmaque, le cinquante-troisième pape, les chefs de l'Église romaine n'ont été saints que de très-loin en très-loin.

En effet, les trente-six premiers papes sont comptés entre les bienheureux; le trente-septième, Félix II, est le premier dont les titres n'aient pas paru suffisants; il est vrai qu'il fut un pape un peu postiche et momentané. Les successeurs de Félix II jusqu'à Symmaque sont tous canonisés, c'est-à-dire cinquante et un papes sur cinquante-trois, de l'an 34 après Jésus-Christ jusqu'à l'an 496; — tandis que, de 496 jusqu'à nos jours, on n'en compte que six qui aient obtenu cet honneur, sur plus de deux cents papes.

Le pape Victor III, nommé en 1086, sacré malgré lui en 1087, avait partagé les chances diverses de Grégoire VII (Hildebrand), qui remit en vigueur le célibat ecclésiastique et s'efforça d'étendre son autorité sur les intérêts temporels des princes chrétiens, d'où la fameuse « querelle des investitures, » qui le fit deux fois quitter Rome et enfin mourir à Salerne.

Quoique je ne réponde pas de l'authenticité de cette lettre du pape Victor III, quoique la copie en ait été trouvée, dit-on, à Rome, il y a quelques jours, sur la statue de Pasquin, — ce qui est une origine suspecte, — quoiqu'on ne la trouve pas dans les œuvres du pape Grégoire VII, où sont cependant d'autres lettres (réponses) de Victor III, qui s'appelait alors Didier et était abbé du Mont-Cassin, il faut reconnaître que les allusions historiques aux faits de cette époque donnent à cette lettre un cachet de vérité très-curieux.

On sait que la comtesse Mathilde, souveraine héréditaire de la Toscane et d'une partie de la Lombardie, prit une grande part aux guerres de l'investiture: mariée deux fois, la première avec Godefroid *le Bossu*, la seconde avec Guelfe II, duc de Bavière, elle chassa successivement ses deux époux, parce qu'ils ne se montraient pas à son gré assez dévoués au saint-siége. Elle donna asile à Grégoire VII dans sa forteresse de Canossa près Reggio, où l'empereur Henri IV vint se soumettre, en 1077, à une pénitence dont il ne tarda pas à se venger. C'est à cette époque qu'elle fit au pape une donation de ses États, donation qu'elle renouvela depuis.

Il semble tout naturel que Didier, qui n'avait pu suivre le pape dans la forteresse de Canossa, qui était peut-être resté à Rome, ait appris par une lettre de son ami Hildebrand (Grégoire VII) les projets généreux de la comtesse Mathilde : la modération, la simplicité du pape Victor sont connues. — De même que son ami Hildebrand, fils d'un charpentier toscan, était arrivé à la papauté, lui, de la maison ducale de Capoue, était descendu à être abbé du Mont-Cassin, et ils s'étaient rencontrés à moitié chemin. L'exactitude historique, l'observation des caractères, tout donne de l'intérêt à cette lettre qui, si elle est apocryphe, réunit cependant une grande partie des caractères de l'authenticité.

Voici, du reste, la lettre telle qu'elle est :

A Sa Sainteté le pape Grégoire VII, Didier, abbé.

« Je me trouve en ce moment vis-à-vis de vous, mon très-cher père, dans une situation qui ne s'était pas encore présentée depuis que vous avez daigné m'accorder les consolations de votre amitié. Il est probable que je suis dans l'erreur en n'étant pas de votre avis; mais plus l'aveu que je vous en fais m'est pénible, plus je crois de mon devoir envers vous et envers l'Église de le faire.

» Loin de moi la criminelle et ridicule pensée d'engager avec vous une controverse; mais je dois vous présenter ce que les faibles lueurs de ma raison me font apercevoir : peut-être l'humilité de ma situation me laisse-t-elle plus à même de voir les choses terrestres, que l'éclat et l'élévation de la vôtre peuvent vous dérober.

» Je ne partage pas le contentement que vous semblez éprouver des intentions généreuses de la comtesse Mathilde. Outre que la réalisation de ce legs peut amener de grandes difficultés matérielles, il me semble que l'autorité de la sainte Église romaine ne peut que perdre étrangement à cet accroissement de richesses et de puissance temporelle. Permettez-moi, mon cher père, avec votre indulgence ordinaire, de développer ces deux côtés de la question.

» La comtesse Mathilde a certes beaucoup fait pour l'Église ; mais l'Église ne doit pas souffrir qu'elle manque, par excès de zèle, à aucun de ses devoirs comme femme et comme souveraine. D'après les règles humaines et religieuses, elle doit soumission à son mari : cette donation qu'elle veut faire de ses États à l'Église n'a pas l'assentiment du seigneur Godefroid ; un dissentiment sur un sujet aussi grave ne peut que mettre un grand désordre entre les époux [1].

» Ne serait-il pas tout à fait fâcheux pour le saint-siége d'être, par les malveillants, les hérétiques, les païens, mis au rang de ces coureurs de testaments,

---

1. Didier voit juste : on sait que Godefroid le Bossu et Mathilde divorcèrent quelques années plus tard.

de ces séducteurs de vieilles femmes que plaisantaient si amèrement les poëtes latins ? Qui sait si Godefroid, survivant à la comtesse Mathilde[1], ne viendra pas revendiquer par la force l'héritage qui lui aura été enlevé, et si ce ne sera pas une source inépuisable de prétextes de guerres, de divisions, de schismes[2], qui contristeront l'Église, l'épouse du Dieu puissant ?

» Mais le second point que j'envisage est plus important peut-être, et surtout tient à des idées et à des intérêts d'un ordre plus élevé.

» L'Église doit-elle être riche? le pape doit-il être compté au nombre des maîtres de la terre ? notre empire doit-il être physique ?

» Notre royaume doit-il être de ce monde, quand celui de notre divin Maître n'en est pas ?

---

1. Ici, l'abbé Didier se trompe : Mathilde, ayant divorcé avec Godefroid le Bossu, épousa Guelfe II, et le chassa encore de son lit, toujours comme froid pour les intérêts de la sainte Église. Ce fut celui-ci qui fit des réclamations; mais elles n'eurent aucun résultat.

2. Sauf le mot *inépuisable*, qui, comme le mot *éternel*, n'est pas humain, l'abbé Didier, cette fois, ne se trompe pas : le schisme de l'antipape Clément III (Guibert) dura depuis 1080 jusqu'en 1100, — sous Grégoire VII, Victor III, Urbain II et Pascal II.

» Les papes des premiers siècles n'avaient qu'un pouvoir spirituel. Malgré les libéralités de Constantin, ce n'est que récemment, au viiie siècle, que Pépin et Charlemagne ont fait du pape un souverain terrestre. Quel bien en a retiré l'Église? Est-il possible que des préoccupations, des intérêts matériels ne l'amoindrissent pas?

» Le Christ n'avait pas une pierre où reposer sa tête, il ne possédait que sa robe sans couture ; qu'eût gagné sa morale divine à ce qu'il eût des trésors? Mais n'allons pas même si loin.

» Si l'Église du Dieu puissant pouvait donner des lois à toute la terre et faire régner la vertu, la morale et le dogme, il y aurait encore l'immense inconvénient de l'emploi inévitable de la rigueur légale : *Ecclesia a sanguine abhorret.* Mais enfin cela aurait une certaine grandeur et une certaine majesté. Si le pape, le chef visible de l'Église de Dieu, est roi, il doit être le roi le plus puissant et le premier des rois ; mais que sera jamais la puissance matérielle des papes, en supposant que chaque pape l'accroisse autant que vous êtes sur le point de l'accroître vous-même?

» Le pape sera toujours un petit, un très-petit potentat qu'aucun pouvoir politique ne prendra au sérieux, qui aura besoin, pour être respecté à un certain point, de s'appuyer sur sa majesté métaphysique ; à quoi sert alors d'avoir le moins, quand vous avez déjà le plus ? Je reviens sur la figure et la comparaison que j'employais tout à l'heure : à quoi aurait-il servi que le Christ eût dix ou douze mille livres de rente ?

» Non-seulement le pouvoir temporel, la richesse matérielle n'augmenteront ni la majesté ni la puissance de la papauté, mais encore ils les diminueront considérablement.

» Comme Jésus marchait le long de la mer de Galilée, il vit Simon et André son frère qui jetaient leurs filets dans la mer, car ils étaient pêcheurs.

» Alors Jésus leur dit : « Suivez-moi, et je vous
» ferai pêcheurs d'hommes. »

» Et, aussitôt, laissant leurs filets, ils le suivirent[1].

» Vous avez, avec l'approbation des justes, mon

---

1. Évangile selon saint Marc.

cher père, remis en vigueur le célibat des prêtres, qui nous détache de la vie terrestre et nous empêche d'avoir une famille particulière, pour que nous ayons tous les chrétiens pour famille; nous faisons, dans nos divers ordres religieux, vœu de pauvreté et de renonciation aux biens de nos parents; nous ne devons rien avoir à nous qui nous sépare hostilement du reste des hommes et enchaîne sur la terre et sur un certain point de la terre nos âmes, qui doivent ne descendre du ciel que pour aimer tous les hommes à la fois.

» Vous me dites que la comtesse Mathilde veut, par l'abandon de ses biens, constituer ce qu'elle appelle le patrimoine de saint Pierre [1].

» Hélas! ce Simon Barjone n'avait qu'un bateau et des filets, et il les abandonna pour suivre Jésus-Christ.

» Comment peut-on admettre que ce qui est une vertu et un devoir pour chaque prêtre en particu-

---

1. Cette partie des États de l'Église était contenue entre l'Orviétan au nord, l'Ombrie et la Sabine à l'est, la campagne de Rome au sud-est, la mer Tyrrhénienne au sud-ouest, et la Toscane au nord-ouest.

lier, et pour l'apôtre qui fonda la papauté, ne soit pas une vertu et un devoir pour ses successeurs et pour l'Église entière?

» Cette augmentation matérielle de la puissance de l'Église romaine ne sera jamais qu'un simulacre de pouvoir et lui ôtera toute indépendance : ne pouvant exister et se défendre par elle-même, cette apparence de puissance usera d'abord du prestige de la puissance spirituelle ; puis, quand elle trouvera des ennemis acharnés, comme celui que nous avons en ce moment[1], qui n'admettront pas ce prestige, obligés de nous mettre sous la protection d'un allié aussi puissant que notre ennemi, nous n'éviterons une domination que pour tomber sous une autre ; — nous y perdrons donc de la puissance, de l'indépendance, de la majesté et de la vertu.

» Le pape, partout où il est, doit être le premier ; ne lui laissez pas prendre un rang humble et méprisable parmi les souverains terrestres.

» En acceptant les dons de la comtesse, vous deve-

---

1. Très-certainement Henri IV, empereur d'Allemagne.

nez un très-petit potentat; en les refusant, vous vous placez au-dessus et à mille lieues au-dessus des empereurs les plus puissants. Que votre sagesse, mon très-cher père, daigne acorder quelques instants d'audience à ces simples réflexions de votre fils respectueux, auquel vous avez permis de conserver, pour le pape, l'amitié qu'il avait conçue pour Hildebrand.

» Le pape, pour se maintenir dans toute sa puissance et dans toute sa grandeur, doit n'avoir à lui que l'emplacement d'un grand couvent, où il ne commanderait qu'aux prêtres qui l'entourent, et ne leur commanderait que comme vicaire de Jésus-Christ; il doit n'avoir d'autres richesses que les dons volontaires des chrétiens. — Tout accroissement sera une diminution.

» Didier. »

XXXV

LES SAVANTS ET LES INFINIMENT PETITS.

Il faut croire que le monde et la vie sociale deviennent de plus en plus ennuyeux.

De notre temps, peut-être plus que de tout autre, il se manifeste une tendance des esprits à sortir de la vie réelle et quotidienne et à se transporter dans des méditations et des mondes moins connus et moins explorés ; — les tables tournantes, parlantes, écrivantes, — les crayons prophétisants, les morts illustres invités à venir passer quelques soirées sans façon chez M. Brasseur.

D'autre part, et à l'usage des esprits moins enthousiastes et des savants constitués et brevetés avec garantie du gouvernement, — des discussions violentes, haineuses, sur les mœurs des insectes invisibles : les rotifères, les tardigrades et les anguillules, ont partagé les académies en deux corps, — aussi déchaînés l'un contre l'autre que les guelfes et les gibelins.

Je dois avouer que le principal point en litige me semble aussi extraordinaire qu'aucune des assertions de MM. Allan Kardec et Brasseur, les *spirites*.

En effet, il s'agit de savoir si les anguillules, tardigrades, rotifères et macrobiotes peuvent ou non ressusciter.

Et MM. Peuchet et Doyère passent leur vie à faire cuire, bouillir, étouffer, dessécher — dans des bûchers et dans des fours chaque jour perfectionnés — des myriades de ces pauvres êtres que la nature semblait avoir voulu dérober à la férocité des savants en les rendant invisibles à nos regards, mais que le perfectionnement des instruments d'optique a livrés à ces Nemrods des infiniments petits.

Puis, quand ils sont suffisamment cuits, on les remet dans l'eau froide, et les uns remuent, les autres ne remuent pas.

J'ai lu assez soigneusement ce qui, depuis déjà longtemps, s'écrit violemment sur ce sujet, — et voici mon résumé :

La Providence ne s'amuse pas à changer ses lois; elles sont moins nombreuses que ne le croit de temps en temps la science, sujette à prendre les effets pour les causes; certains êtres peuvent supporter des conditions d'existence qui ne nous étonnent que parce que nous faisons toujours un retour sur nous-mêmes et comparons ces conditions avec celles de l'espèce humaine.

Il me paraît établi qu'entre les rotifères, anguillules, tardigrades, macrobiotes, etc., ceux qui ne ressuscitent pas sont ceux qui étaient morts, et ceux qui ressuscitent sont ceux qui n'étaient pas morts.

Il me paraît non moins bien établi que, entre MM. les savants brevetés avec garantie du gouvernement, et ceux qui se nomment savants eux-mêmes sans la même garantie, — entre MM. Peuchet, Doyère, etc., et MM. Brasseur, Allan Kardec, etc., — il me semble aujourd'hui, en considérant le sujet de leurs préoccupations, qu'il existe une similitude incontestable.

Pourquoi saint Éloi ne ressusciterait-il pas aussi bien que les macrobiotes?

Pourquoi saint Louis et Charlemagne ne reviendraient-ils pas jaser avec MM. Kardec et Brasseur, aussi bien que les rotifères, tardigrades et anguillules reviennent tournoyer, se traîner, ramper et grouiller avec MM. Doyère et Peuchet?

Il est clair pour tout être intelligent que la matière est aussi éternelle que l'esprit; que la mort est une idée relative; que les formes seules périssent; que les agglomérations et les combinaisons diverses de la matière se divisent et se transforment, sans qu'il disparaisse ni un atome ni une goutte de quoi que ce soit.

Un savant pour lequel j'ai toujours eu et je conserve un grand faible, c'est Réaumur. C'est qu'aucun savant ne m'a, au même degré, donné une certaine preuve de ses connaissances, preuve qui ne m'a jamais trompé; — de tous les savants, Réaumur est celui qui dit le plus souvent : « Je ne sais pas, — j'ignore encore, — je ne suis pas certain, — je doute, j'hésite, etc. »

Mais aussi, quand il dit : « Je sais, j'ai vu, j'ai constaté, je pense, etc., » on peut marcher derrière lui les yeux fermés; j'ai vérifié, personnellement, à peu près tout ce qu'il a dit dans ses curieux et intéressants mémoires sur les insectes, et je ne l'ai pas trouvé une seule fois ni inexact, ni imprudent, ni systématique dans ses assertions.

De notre temps, j'ai senti mon estime croître subitement à un haut degré pour François Arago, lorsque je l'ai vu un jour se défendre avec une sorte de mauvaise humeur contre des connaissances et des prédictions qu'on lui attribuait sur la température, etc.

— Nous n'y entendons rien, disait-il.

Et il citait la sage opinion des pilotes normands à ce sujet :

— Celui qui veut mentir n'a qu'à parler du temps.

Il est vrai que, quand un bourgeois insiste, le pilote lui montre le ciel et dit :

— Voyez là-bas, regardez par ici... Vous voyez, n'est-ce pas ? Eh bien, je ne vous dis que ça.

Et, le lendemain, soit qu'il pleuve ou qu'il vente, ou que le temps soit beau et serein, il dit au bourgeois :

— Eh bien, qu'est-ce que je vous avais dit hier!

Depuis ce temps, un autre académicien a accepté le rôle refusé par Arago de capucin hygrométrique, de Matthieu Laensberg, et, à tout propos, il jase, il *ba-*

bine dans les journaux, prophétisant à pile ou face, et se trompant avec une régularité qui pourrait servir de baromètre presque certain, en prenant le contre-pied de ses prédictions.

Eh bien, Réaumur disait en parlant d'insectes presque invisibles :

— Qui sait l'influence que peuvent exercer sur l'économie animale la présence, l'ingestion d'insectes qui échappent peut-être à notre vue !

Depuis Réaumur, les instruments d'optique se sont fort perfectionnés, et nous ont montré un monde nouveau qui commence là où nos yeux ne discernent plus.

Je me rappelle, du temps de mon enfance, un vieillard qui s'était installé parallèlement avec une marchande de gâteaux, au haut du labyrinthe du Jardin des Plantes de Paris; il fabriquait des bagues de crin avec devises galantes, et faisait voir, moyennant deux sous, des mites de la croûte du fromage, au moyen d'un petit microscope. Cela était si étrange, que le microscope faisait tort à la marchande de gâteaux devant la bourse obligée d'opter du lycéen.

Depuis, le microscope à gaz et d'autres instruments

ont découvert un autre monde, qui commence là où le petit microscope ne voyait plus rien.

Une goutte d'eau est un océan plein de baleines et de requins qui poursuivent et dévorent des milliers d'animaux étranges. Une goutte d'eau est le théâtre de guerres et de tragédies incessantes. On avait découvert les mites du fromage : on connaît maintenant les insectes parasites qui causent à ces invisibles des démangeaisons insupportables.

Réaumur disait encore :

— L'ichneumon pond un œuf dans le corps d'une chenille; qui sait si l'ichneumon n'a pas un insecte parasite qui pond dans son œuf !

Peut-être inventera-t-on un instrument qui sera au microscope à gaz ce que celui-ci est au petit microscope du vieillard du labyrinthe, et ce que ce petit microscope était à notre vue; et alors nous verrons des mondes nouveaux dans la millième partie d'une goutte d'eau; peut-être le blanc de l'œil d'un de ces animaux que nous montre aujourd'hui le microscope à gaz sera-t-il un océan plein de monstres et de cétacés; et alors il faudra se dire :

— Nous ne voyons que cela, parce que les instruments sont imparfaits et impuissants.

Il n'y a aucune raison pour que l'on assigne à la nature des limites certaines.

D'autre part, j'ai lu, étant enfant, à cet âge de gloutonnerie intellectuelle où l'on dévore tout sans choix et sans mesure, dans je ne sais quel bouquin, une théorie assez étrange :

« Une fourmi, disait ce livre, ne peut pas voir un homme. Si elle était placée à l'angle nécessaire pour le voir, elle serait si loin, que sa vue ne porterait pas jusque-là. Il y a des monuments que nous ne pouvons pas voir à cause des rues étroites et des maisons trop rapprochées qui les entourent.

» Pourquoi penser que, si la nature ne s'arrête pas en descendant dans ses œuvres; si nous connaissons des êtres pour qui une fourmi est un éléphant, êtres qu'une coccinelle, une bête à bon Dieu aspire et avale en respirant, sans s'en apercevoir; si nous admettons que ces êtres invisibles à l'œil nu sont peut-être d'horribles mastodontes pour des êtres infiniment plus petits qu'eux, — comment supposer que, en montant, la nature se soit arrêtée à l'homme et à trois ou quatre gros quadrupèdes, comme l'éléphant, la girafe, le rhinocéros, etc.?

» Immenses pour certains êtres, en descendant l'échelle, nous sommes, sans aucun doute, des infiniments petits pour d'autres êtres que nous ne pouvons voir; peut-être, au moment où nous examinons des *dermatoses* et des *oxyures* au microscope, il y a de très-gros êtres qui nous regardent avec des instruments qui leur permettent de discerner notre petitesse, et, lorsqu'il nous survient un mal de tête que nous attribuons à la lassitude de notre travail, est-ce parce que nous venons d'être placés sous une lentille?

» Il est probable que les ascarides et autres petits êtres ont des noms pour les accidents qui leur arrivent par notre faute. Quand nous nous grattons, cela est peut-être considéré par eux comme un ouragan; quand nous les écrasons, ils croient sans doute mourir d'apoplexie, et ils ont des médecins qui les soignent de ces maladies et prétendent les guérir.

» Qui nous prouve, disait encore le livre, que la

terre n'est pas un énorme animal dont nous sommes les parasites? Nos édifices, nos monuments sont des pustules, — comme les pustules développées par les acarus sur notre peau sont sans doute des Louvres et des palais qui immortalisent leurs auteurs dans la mémoire des dermatoses.

» Quand l'animal se gratte ou éternue, nos monuments croulent et nous crions au tremblement de terre.

» Nos cheveux sont des forêts pour les oxyures. Ce que nous appelons les forêts sur la terre n'est autre chose que les cheveux et les poils de cet immense animal, dont nous avons déjà reconnu la mobilité, etc. »

Quelques savants s'occupent en ce moment de ces infiniment petits : aux découvertes physiques sur leur compte se joignent, depuis quelque temps, des découvertes morales.

Pendant longtemps, on avait cru que l'acarus femelle de la gale traînait une existence isolée, incomprise, à travers les pustules des galeux. Eh bien, non : elle a une âme sœur de son âme; elle aime;

elle est aimée; le docteur Lanquetin a surpris les secrets et les extases de son cœur !

Voici également que le docteur Alphonse Loreau révèle qu'en général les dermatoses, les ascarides, les oxyures ont l'âme tendre; qu'elles sont extrêmement portées à l'amour; qu'il n'est pas rare qu'elles dépassent, à ce sujet, les bornes de l'austère pudeur, et qu'il se passe sous notre peau, entre cuir et chair, des choses tout à fait inconvenantes.

Selon le docteur Alphonse Loreau, qui revient aux prévisions de Réaumur, les combats, les migrations, les rendez-vous de certains parasites pourraient bien être la cause de diverses de nos maladies !

FIN

TABLE

	Pages.
I. — Frédérique et Harald. (Conte groënlandais.)..	1
II. — Recette contre les indiscrétions du télégraphe.	14
III. — La roulette de Monaco et la morale de papier.	19
IV. — Pauvre Robinson. — Les incarnations de Vendredi............	24
V. — Une histoire de voleurs............	43
VI. — On ne se gêne pas avec ses amis......	52
VII. — Des souliers trop larges..........	63
VIII. — Lucioles....................	72
IX. — Vanité	75
X. — Pierre, Paul et Jean.............	80
XI — Lettre à Alphonse Karr, jardinier........	95
XII. — Réponse au sieur Veuillot..........	103
XIII. — Deux malheurs arrivés à la justice.......	118
XIV. — A M. Villemain et à quelques-uns de ses amis. (Remontrances.)............	123
XV. — Les arbres et les cheveux..........	129
XVI. — Aux bois les tourtereaux..........	139
XVII. — Les incurables................	144
XVIII. — Les savants qui savent et les savants qui ne savent pas................	148

		Pages.
XIX.	— Les philanthropes et les tours.............	160
XX.	— Le héros de l'épicerie....................	164
XXI.	— Le jardinier se trahit....................	170
XXII.	— Les fourreurs, les bêtes féroces, les Auvergnats et les lapins.....................	181
XXIII.	— Aux soldats de la plume..................	185
XXIV.	— Le préposé à la cascade.................	193
XXV.	— A propos de fraises.....................	197
XXVI.	— Revers et envers.......................	227
XXVII.	— De Nice à Fréjus et à Saint-Raphaël.......	230
XXVIII.	— L'Épiphanie à Nice......................	243
XXIX.	— Il y a encore des Turcs..................	250
XXX.	— A propos du denier de saint Pierre.........	555
XXXI.	— Arlequin et sa flûte.....................	555
XXXII.	— Les palmiers de Bordighera...............	555
XXXIII.	— Comment un drame impossible fut représenté à Naples..........................	555
XXXIV.	— Sur la puissance temporelle des papes.......	299
XXXV.	— Les savants et les infiniment petits.........	310

FIN DE LA TABLE

PARIS. Imprimerie de PILLET FILS AÎNÉ, rue des Grands-Augustins, 5.

LIBRAIRIE DE MICHEL LÉVY FRÈRES

NOUVEAUX OUVRAGES PARUS FORMAT GRAND IN-18,
à 3 francs le volume.

VOYAGES ET CHASSES DANS L'HIMALAYA
Par Jules Gérard, le tueur de lions . . . . . . 1 vol.
SIX MILLE LIEUES A TOUTE VAPEUR
Par Maurice Sand. . . . . 1 vol.
LES VERTES-FEUILLES
Par Auguste Maquet . . . . 1 vol.
LES GRIMPEURS DES ALPES — PEAKS, PASSES AND GLACIES
Traduit de l'anglais par Él. Dufour. . . . . . . 1 vol.
LA COMTESSE D'ALBANY
Par Saint-René Taillandier. . . . . 1 vol.
LES MEILLEURS FRUITS DE MON PANIER
Par Roger de Beauvoir. . . . . 1 vol.
SOUVENIRS DE SOIXANTE ANNÉES
Par E. Delécluze. . . . . 1 vol.
D'HEURE EN HEURE
Par Alfred Assollant. . . . . 1 vol.
MONSIEUR X ET MADAME ***
Par Un Inconnu . . . . 1 vol.
CES PAUVRES FEMMES !
Par Max Valrey. . . . . 1 vol.
LES VICTIMES D'AMOUR — LES AMANTS
Par Hector Malot. 2ᵉ édition. . . . . 1 vol.
LES JEUDIS DE MADAME CHARBONNEAU
Par A. de Pontmartin. 2ᵉ édition. . . . . . . 1 vol.
ALGER
Par Ernest Feydeau. . . . . 1 vol.
QUELQUES PAGES D'HISTOIRE CONTEMPORAINE
Par Prévost-Paradol. . . . . 1 vol.
UNE FAMILLE TRAGIQUE
Par Charles Hugo. . . . . 1 vol.
LA MAIN COUPÉE
Par Henri Rivière. . . . . 1 vol.
SOUVENIRS D'UN DÉPAYSÉ
Par Charles Edmond . . . . 1 vol.
LE CHEVALIER DE CHASOT
Mémoires du temps de Frédéric le Grand, par
H. Blaze de Bury. . . . . 1 vol.

www.ingramcontent.com/pod-product-compliance
Lightning Source LLC
Chambersburg PA
CBHW060407170426
43199CB00013B/2043